释放激情

世界级领导者的制胜之道

Liberating Passion: How The World's Best Global Leaders Produce Winning Results

奥马尔·汗（Omar Khan）
保罗·B·布朗（Paul B. Brown） 著
耿晓丹 译

中国人民大学出版社
·北京·

译者序

“激情”这个词在企业里已经兴风作浪很多年了，在企业的人才标准里，在培训内容里，在我们日常工作沟通的电子邮件中，无处不见它的身影。但是有几个人真正地看到过激情呢？尤其是在企业中，在我们日常的工作中，真正富有激情的人我们很少能看到，更不要提让自己成为一个充满激情的人。在翻译这本书的过程中，常常感觉到有些地方似曾相识，想必是因为同样的情况在很多企业里都是屡见不鲜的。本书看似是为企业的领导者出谋划策，但实际上讲述的完全是关乎自身成长的内容。人类毕竟是群体动物，拥有良好的人际关系和沟通质量是幸福感、成就感和激情的根本来源。而良好关系的建立和沟通质量的提高应该说是一个我们需要不断思考和不断发展的内容。无论你是 10 岁还是 90 岁，这种成长对我们每个人来说都是必需的，甚至可以说是强制性的。

正是因为自身成长发展的快慢不同，在我们周围存在着各种各样的人和关系。如何与这些人更好地进行合作，如何能够与他们达成一致，如何能够让大家为了共同的目标奋斗，正是本书所讲述的内容。无论你是不是领导者，本书对你都十分有用，因为许多成年人，尤其是青年人和中年人，还仍然处在心理非常不成熟的阶段；换句话说，我们的自我发展之路还很长。如果你在工作中、在你自己的家庭生活中，常常对某些人和某些事感到无法理解、难以释怀，甚至常常感到心里不舒服，或者你常常令他人感到不舒服，那么你可以试试这本书里提到的很多小方法和小技巧。我想说的是，改变他人和改变环境对我们来说是异常困难的，因此，无论你是否认为周围的人和周围的环境存在问题，你首先能做的就是从改变自身开始。虽然许多人都没有面对真实的自己的勇气，反而在欺骗自己的时候却非常在行，但是如果你能够稍微尝试一下，就会发现其实也没有那么困难。

因此，如果你在阅读这本书的时候，能够产生那么一点儿共鸣，能够让你稍微对自己进行一些深入、真实的思考，就已经非常有价值了。如果你能勇敢地采取行动，那么这本书将能够帮助你提高生活质量。而若真正谈到在企业中实现一些转变，实际上则是非常困难的。能够有勇气不随波逐流，以真诚的态度面对工作、面对老板、面对同事的人实在是太少了，来自于自身和舆论的压力足以让每个人感到畏惧。所以从这种意义上来说，可能一个有勇气的领导者更适合于首先尝试这本书中所介绍的方法。

无论怎样，希望每个人能够至少作出一点点的尝试，比如首先在自己的私人生活中采取行动。敢于面对真实的自己，才能让你突破情绪的控制，稍微地接近智慧。很少有人真正地想让他人和自己都生活得不幸福，他们只是还处在某个自我成长的阶段，还需要为之付出努力。所以，如果你能够先作出一些改变，如果能够因此而对他人产生一些影响，将是一件非常好的事情。自己的生活如此，企业的发展也遵循着同样的道理，需要有人首先作出改变，然后逐渐扩大影响范围。而这种改变归根结底，就是真实与爱。

致 谢

这本书的完成得益于各方杰出而慷慨的人们的鼓励和支持。由于篇幅有限，在这里我只能提到他们当中的一小部分。

首先必须要感谢的是我父亲。从儿时起，我的父亲就不断督促我去积极了解不同的人和思想、促使各种变化产生的因果关系，以及人类是如何将发展进程习惯化和制度化的。他就像一位使节、创始人和文化的沟通者那样，对此满怀兴趣并充满激情。

我的母亲则是我为人处世的典范。她是一位愉快、沉着、怀有坚定的爱与同情心，并且在社交和情感表达方面具有高度智慧的模范，即使在我还不甚理解这些词汇的含义时，我就已经开始效仿我的母亲了。

汤姆·彼得斯对我的影响非常深刻。确实，彼得·德鲁克教给我们理解知识型工作者的必要方法，并且几乎建立了一套能够使员工参与和互动的关于经营管理的实践方法。但是对我来说，汤姆·彼得斯不仅使管理变得更加生动，还令它更加人性化。他带给员工激情、活力、想象力以及良好的人际关系，使他们能够触碰到卓越经营的核心内容。直到今天，汤姆仍然在向我们展示他伟大、无与伦比的思想。我能做的只是赞美他的精神、智慧和高尚的情操。向他学习并与他交流是荣幸而愉快的。

M·斯科特·佩克的研究对我产生了持久的影响，他最畅销的著作《少有人走的路》（相对于其他讲述路径突破的书籍来说）完全代表了一种变革。他告诉我们关系从理性上要求不允许"出错"，因为它是促进社会进步和组织成长的基础。斯科特的团队激励基金会（Foundation for Community Encouragement，FCE），以及在他生命中的最后几年里我们之间亲密无间的友谊与合作，为我提供了一个允许个体的真实性与爱的诚实性存在，并以此来推动合作和收获必要成果的重要的新模式。

在我与战略指导者丹·沙利文一起工作时，我从这个天才经营者身上学到了很多。他关于创造和整合价值的深刻见解，以及把它们转换为强大而实用的工具的能力使我受益匪浅。丹创建了一个21世纪的组织，并向我们展示了如何开创更为广阔的前景，以充分发挥个人能力和增进个人满足感。在他的工作背后，是对人类动力学的无比崇敬。他还提供了一些帮助我们与同事、合伙人、客户以及家庭成员进行良好沟通与合作的方法。

接下来我要感谢艺术大师本杰明·赞德——波士顿交响乐团的指挥，一个在重视可能性方面表现非凡、热爱生活的人。我深深地感激本杰明和他夫人罗兹·赞德，在关于经济下滑的理论似乎要控制整个商界，并且我也受到这种理论影响的关键时刻，他们使我重新相信“可能性”的存在，并重燃了我的斗志。

非常感谢威利出版公司新加坡团队给予我工作上的信任，并指导本书的完成。

最后也是最重要的，我要感谢我的夫人莱斯莉，她一直默默支持着我所有的工作，她是我生活和生意上的伙伴，我的道德管理者，我的反馈渠道，我最好的朋友，我获得美好享受与工作活力的源泉，也是我最不知疲倦的拉拉队队长……事实上，她成就了我的一切可能。我完全感受到她对我的爱和支持，对此我满怀谦卑与深切的感激之情。

目录

第1章 全球最优秀的领导者是如何取得成功的

一个被忽略的环节

当我们谈论领导力时，有一个环节总是会被忽略。

在我们获取各种与经营规则、执行力、创新、团队发展、情境领导理论、识别并培养人才、领导魅力、倾向与习惯有关的知识的同时，有一个贯穿于领导力实践核心的问题，需要被明确认识和引起注意。

这个总是被忽略的环节，就是使领导力具有活力、适应性和韧性的根源。

这就是激情。

我们也许曾经提及它，或是围绕着它翩翩起舞，但却从没有人真正地抓住并掌握它。

我们已经离激情越来越近了

似乎是在几年前，经营管理与领导力世界里的每个人都意识到了“激情”的存在。我们最喜欢引用一个客户所作的总结：“利润就是集中在最重要的事情上的团队的激情和才能。”

请注意，激情是才能的引导者——它是重要的推动力，是开启大门的咒语。

英国知名的管理学大师查尔斯·汉迪（Charles Handy）认为激情就是根本答案。如果你知道前进的方向，激情会帮助你提高能量，令你勇于承担责任，并获得更大的想象空间。如果你不知道该往哪里走，激情会引导你找到前进的方向——向其他人咨询、进行初步设计、承担风险，并坚持不懈地寻找具有建设性的途径。

CEO 们对激情极力赞美的程度绝不亚于管理学大师们。回顾赫布·凯莱赫（Herbert Kelleher，西南航空公司 CEO）、杰克·韦尔奇（Jack Welch，通用电气前任 CEO）、杰夫瑞·伊梅尔特（Jeffrey Immelt，通用电气 CEO）、詹姆斯·迈克纳尼（James McNerney，3M 前任 CEO，现任波音公司 CEO）、安妮塔·罗迪克（Anita Roddick，美体小铺（Body Shop）CEO）、霍华德·舒尔茨（Howard Schultz，星巴克 CEO）、理查德·布兰森（Richard Branson，Virgin 商业帝国 CEO）、阿兰·雷顿（Allan Leighton，英国皇家邮局 CEO）、拉斯·科林德（Lars Kolind，奥迪康助听器（Oticon）前任 CEO）、卡洛斯·戈恩（Carlos Ghosn，日产 / 雷诺现任 CEO）所发表的言论或著作，你会发现，激情从来都不曾远离我们。

激情是一种非凡的领导力软件，总是被以这样或那样的形式提到。这告诉我们，人类有将潜能和可能性转变为实际结果的能量和内在信念。

对于这样一个关键的人类禀赋能够最终得到它的合理位置，我们感到十分宽慰与欣喜，并且我们最终认识到，激情是成功的关键组成部分。但是也有不那么令人鼓舞的地方，那就是对于如何使激情在每一天的实际行动中成为必要的组成部分，我们一直感到十分困惑。

实际上，很多人甚至并不清楚应如何明确定义这个词。

激情可能有多种定义。不过我们现在要这样描述它：完全自愿的参与，内在的能量，受到驱使并渴望发起行动，实现目标并获取胜利。

无数的文章和演讲似乎都在建议我们，必须以某种方式创造激情，我们必须持续地向他人灌输这种思想。这实际上是一个错误。事实上，激情本来就无处不在。**激情的缺乏才是反常的、不自然的**。

孩子们出生时从不缺乏激情。没有一位母亲会因为她的孩子对生活缺乏激情而感到悲伤。她们也许会希望给孩子找点儿镇静剂，但绝不会是兴奋剂。

实际上当我们做任何事情时，激情都是自然存在的——从玩橄榄球到和朋友一起打扑克，或者与别人谈论政治或是喜欢的电影。

没有人在自己最中意的餐厅里准备享用一顿大餐时，或是在听自己喜爱的CD时，需要研究一下怎样才能充满激情。激情在很多时候都是充足的。但令人遗憾的是，工作的时候却不是这样。

这种情况的发生并不是必然的，它源自令人遗憾的策划和设计。例如，我们曾经与之合作过的一家以金融服务为主要业务的企业要进行结构调整，以便能够直接作出全球性和区域性的关键决定，改变以往由地方机构进行操作的方式。这次变革对它们来说意味着实现更高的“效率”。但是一个全球性和区域性的组织机构对于地方市场的需求和期望是不甚了解的，并且对地方机构提出的需求的反馈是极其迟钝的，因此这种变革带来的唯一结果，就是扼杀了企业内部团队的工作激情。

当地方团队看到竞争者们乘虚而入，迅速取得更多市场主动权时，他们只能感受到新组织结构带来的束缚，以及挫败感和获益的减少。每当这种“改变游戏规则”的新组织架构在公司论坛上被隆重推出时，引发的都是冷嘲热讽和质疑，而绝不会得到那些最有能力的地方经理们的热情支持。高级管理者把这种反应归因于对变革的抵抗。可是他们并没有意识到新组织架构在机能上的无效和不合时宜才是真正的罪魁祸首。

因此，真正的问题并不在于应该如何创造激情，而在于应该了解我们如何扼杀了激情。企业已经成为杰出的**激情杀手**，这真是令人不愉快的讽刺。

大多数处于全球领先地位的企业都雇用富有激情的员工（这也是他们被雇用的部分原因）。但是往往在三个月之内，他们的激情就被消磨殆尽。企业在许多时候就是充当了这种“激情阉割者”的角色。

让我们通过几个例子来看看这种情况是如何发生的：

- 我们通常没有给员工正确的引导。员工不了解他们自己的角色是什么；不知道公司的目标是什么；不理解他们需要融入的企业文化为何；也不知道如何能够合理地取胜，并迈向新的领域。他们就像在企业中漂流，一部分人在进行试探性的摸索，而另一部分人则依靠含糊其辞和使用一些交际手腕来生存。这些都无法点燃我们潜在的激情。

- 我们缺乏经验丰富的指导者。在没有指导者的情况下，员工通常会使用他们在以前的工作岗位所掌握的知识和技巧，因此不会获得新的技能、挖掘出新的潜能，也不会学到从不同角度进行思考。如果他们要设法完成任务，通常是以牺牲自己进一步的发展为代价的。他们也许完成了任务，但过程和方法往往是十分不合理的。可以说，这些员工并没有学习到如何充满求知欲地真正聆听的能力。尽管如此，他们却很可能拥有很强的恢复能力，并可以迅速转变自己的方向。如果在一开始面对问题的时候，就能够在较为自由和开放的环境中由富有经验的老员工进行指导，那么他们很有可能会提出更具前瞻性、效率更高的解决方法。但事实往往是，当他们采取行动向前迈进的时候几乎什么都没有得到，知识分享受到阻碍，企业文化方面也是一片空白。如果这些无人指导和培训的管理者们继续他们在企业中的发展，也许你日后会面临企业高层领导者不具备基本的管理技巧和领导能力的局面。虽然他们也曾被培养用这样或那样的方法解决一些问题，但是这其中存在的机会成本、受到伤害的员工以及无法得到充分发挥的集体潜能是极具破坏性的。

- 通常除了正式的工作评估之外，员工得到的反馈信息也是不足的。而当反馈信息出现的时候，却总是趋于消极否定。因此员工能够了解的只是他们现在有什么做得不好。因为反馈总是与积极和肯定背道而驰的，所以大家都想逃避这种信息反馈，也就不足为奇了。

上述的最后一点对员工来说尤为可悲。信息反馈必须是一种生活方式。否则除此之外，我们如何才能知道自己究竟表现得怎样？我们还能通过怎样的方式提高自己的能力和改善自身？

但是有效的信息反馈必须是具有可信度的。如果我们并不真正了解他人，怎么能让自己的观点在别人眼中具有可靠性和建设性呢？我们可以通过自己在企业中所处的地位来迫使他人关注我们，但是我们却无法“掌控”可信度。

在团队中获得信任的最主要的方法，就是采取持续、实时的正面评价和质疑。只有当这两点都具备的时候，我们才能够相互信任。激情被扼杀可能源于不真诚的称赞，也可能源于心胸狭窄的压制。

激情的磨灭有时也是由企业只重视表面现象而不重视根本原因导致的。例如，曾经与我们合作过的一家企业希望降低成本。它们的第一反应就是要求高级管理人员控制差旅费以及其他一切不必要的开支。结果是这家跨国网络公司打击了管理层与客户见面洽谈以及与跨国同事商讨统一全球战略的积极性。

不过话说回来，CEO 和董事会召集的多方会议，通常只是将分散在世界各地的企业高层领导聚集到一起，参加带有幻灯片播放的报告会，并且这样的会议一旦开起来，往往会变得十分冗长。其实这种内部的信息交换不过是一种形式而已，所有的报告内容在会议进行之前已经由高层领导们审查过了。

当然，40 个企业高层领导在度假胜地开会，只解决一些通过电子邮件或电视会议就可以处理的问题，确实会导致数十万美元的浪费。但是你必须问问自己，当这些高层领导者因为远离市场、远离客户、耗费大量的时间在形式上，每天无聊而沮丧地回到家中，却发现没有解决任何“实质性”的问题，没有真正地面对和解决任何矛盾，也没有对与客户的关系实现任何有价值的进展时，是否也有数以百万计的成本像被倒进排水沟一样浪费掉了？

不幸的是，类似这样压抑并消磨激情，或彻底扼杀激情的例子还是数不胜数。

对此有没有解决方法呢？答案是肯定的，这种解决方法能够攻击贯穿于所有类似案例中的潜在委靡不振，并消灭它们。

其中的一个潜在问题就是领导者之间关系的质量及真实性问题（或者说由此引起的质量不佳和真实性缺乏）。这种关系问题实际上存在于整个企业中。

领导力从根本上决定着我们能否与他人建立联系、让他人参与到工作中、调动他们的积极性、确定工作重点以及相互激励。

我们与他人之间的相互影响以及真实性、想象力和承诺是激情最根本的来源。

因此，当我们准备一起为拯救与释放激情而努力的时候，首先需要深入了解的是，有关激情的问题究竟是什么，以及这个问题产生的原因（第 2 章）。我们可能并没有打算消磨彼此的激情，但是为什么扼杀激情却成为企业管理实践中如此普遍存在的问题呢？在第 2 章，我们将回答这个问题。

然后我们要探索一下良好的关系是如何使企业取得成功的，以及不良关系是如何导致企业功能失调的（第 3 章）。这些不真实的、通常具有腐蚀性的不良关系无疑是扼杀激情的重要组成部分。我们将深入分析如何使之恢复其应扮演的角色——领导力文化的主要建筑设计师。

在接下来的部分，我们将寻求解决方法。在第 4 章 ~ 第 12 章，我们将详细探讨 9 个激情释放因子。它们中的每一个都将为我们的头脑、精神和心灵打开一扇不同的窗户。当我们理解了每一个激情释放因子时，我们就能够了解那些长期困扰我们、具有破坏性且反复出现的激情杀手，这使得我们能够避开它们，从而作出其他选择。

在最后一部分，我们会审视所有内容中最关键的地方。当我们已经了解到这个问题的重要性和解决方法时，我们需要知道的是，如何利用一个目标明确且具有实效的计划，将激情释放因子转换为企业日常的领导力习惯。

关于这个问题的答案可以在第 13 章和第 14 章找到。

我们真的能够创造富有激情、高效能的工作文化吗？当然可以！我们还可以在某种程度上，借鉴那些已有实际经验的人们的做法。

总的来说，我们必须消除我们是谁与我们做什么之间的分裂。我们必须学习将领导力从一系列宏伟的目标，转换成为一个能够相互激发最佳状态的好方法。我们不能再继续“教育”人们从自身之外寻找激情。

爱因斯坦曾警告我们：“如果你的思考方式停留在问题产生时的同一水平，问题是不可能被解决的。”

这句话说得完全正确！同样，如果我们缺乏情感的成熟、关系的真实性或成长的勇气，那么由此产生的问题也不会得到解决。

让我们释放自己和团队的潜在激情！这是打造杰出团队与卓越个人的最好的原动力，也是我们能够交出的最好的成绩单。

第2章 激情大盗

我们已经说明了激情是一种自然的天赋。我们生来就充满激情。当我们年轻的时候，当我们处在某些令人舒适和愉快的环境中时（与朋友在一起，从事业余爱好，接受自己感兴趣的挑战，与爱人一起度过无忧无虑的时光），激情会自然涌现。这种时候不需要任何秘诀、咒语或者其他刺激来引发激情。

同样，当我们充满激情时，我们会变得更加生机勃勃；我们的创造力会提高，思维也更加清晰。而这对其他人也会产生很深的影响，因为与我们进行合作将变得十分愉快；我们会鼓励他人并且非常热心。

总而言之，我们会变得更有效率，更富有想象力，有充足的能量来表达我们对他人的关心，并会为提供服务和支持他人作出特别的努力。

基于以上原因，你会自然而然地认为，企业不仅乐于雇用富有激情的员工，而且会想尽一切办法来维持这种激情，并培养和激励它，同时给予那些能够激发员工激情的领导者奖励和荣誉，以此来推动这种能力的发展，并使之推广到整个团队。

你一定会这样想。但不幸的是，你错了。

一项关于在岗员工闲散状态的统计数据十分令人震惊。据盖洛普公司（Gallup）估计，每10个员工中就有7个处于闲散状态，伴随这种状态出现的，由生产力、质量、效率和收益率降低带来的损失是难以估算的。我们说“难以估算”，是因为很难计算其负面影响。实际上，即使仅仅确定其中所包含的机会成本的数量，也是非常困难的。

这个问题为什么会出现，又是怎么出现的？所有人都承认激情的力量，并且绝大多数优秀的公司，从美体小铺到Virgin、西南航空公司以及丰田汽车公司，无不热衷于展示它们热情而活跃的员工支持者形象；可是在这种情况下，企业为何依然扮演了始终如一的激情杀手的角色呢？

答案可以归结为存在于几乎所有人类活动中，并因而也存在于所有企业活动中的一道重要的分界线。

实际上，我们可以将所有的人类活动分为“技术型”和“基于成长型”两类。以养育孩子为例，“技术型”养育包括为孩子提供衣食住的保证，让孩子接受学校教育，学习基本的社会规则和培养生活习惯。我们可以称之为养育的“基础设施建设”。

尽管我们必须承认这些对于抚养一个孩子来说是足够的，但是仅仅满足这些条件显然并不能触及孩子心智与精神层面的东西。上面所列举出的行为似乎过于直白简单，甚至可以说，只是在完成单调的任务而已。但这是大多数人所选择的，认为能够等同于养育的行为：有效率，意义却不大。

“基于成长型”的养育所构想的是同时培养父母与孩子的行为。父母要学习平衡自我意识，为他人的需求着想，为他人生活上的满足和目标的实现奉献自己，以及与生活中的伙伴们实现完美的亲密合作。孩子们则需要从无条件的爱中得到鼓励，同时这种充足的被爱的感觉使他们能够勇敢地面对困难、接受挑战以及新鲜和令人振奋的体验。孩子们的自尊源于他们被爱和被支持，他们因此而有自信去尝试、冒险、学习、体会失败、成长并勇于承担责任。如果顺利的话，被爱和被支持还能使孩子拥有感恩的心，以及支持与关怀他人的能力。

我们可以看到，从出生到长大成人的这段时期，总是像英雄之旅那样在文学作品中被颂扬并被当成神话来讲述。从早期传说中的骑士冒险，到宗教传说中的开悟与觉醒的故事，甚至一些有关探险和救赎的现代小说，例如《指环王》或《星球大战》，都是其中的例子。这些伟大的探索之旅需要我们具备最好的洞察力、适应力、勇气和智慧。为了完成这项任务，激情总是充足的，并且可以随时补充更新。

现在请记住这两个不同出发点（技术型和基于成长型）之间巨大的差异，我们将转而开始讨论企业中的情况。让我们分别举出一些有关企业战略、与客户共赢以及人力资源开发方面的实例，以探讨存在于技术型和基于成长型之间的分界线是如何导致激情缩减的。

企业战略

从上述有关养育问题的讨论中，我们可以清楚了解到，技术型养育必然是最容易的，也是被默认的途径。相对基于成长型养育所需要的个人适应性和成长发展来说，技术型养育只需激发出较少的能量、活力以及个人勇气。

让我们看看当企业热衷于企业战略的技术型内容，而忽略了其中至少 50% 有关沟通、雇用与吸引人才、提高参与度及执行力的内容时——这些显然都是基于成长型的行为——会发生什么样的情况。如果没有基于成长型的行为参与其中，企业战略往往会变成一种乏味的“规划”练习，而非一次充满激情、具有丰富构想、富有挑战性、优先顺序明确、叩响智慧之门的旅程，但正是这个旅程，能够把我们引向真正的企业战略：发挥出我们最大的能力，在关键市场取胜，并以激动人心的差异化影响整个行业。

“战略”最终常常会演变成官僚主义的噩梦，而非具有引导和启动作用，因为团队总是受制于无休止的发展规划培训（比2007年同期增加10%），或被动地接受大量自上而下的提议（尽管我们周围的环境在不断改变，但是这些提议却永远将我们置于黑暗和无奈中），或被分成数量众多的任务小组（这些小组中的多数最后都会因为激情的减退以及人员抽调问题而无法完成任务）。

但事情也并非总是这样。比如宝洁公司的阿兰·乔治·雷夫利（A.G. Lafley）曾在企业内部举办“不戴拳击手套”的战略研讨会（拒绝优雅客气，是坦率直接的意见交换），员工们共同评估与讨论了有关“我们的战场在哪里”以及“我们怎样取胜”的问题。决议、期望和行动计划都由此产生并得以跟踪实施，全部员工都要对他们共同赞成的计划负责。在这样的努力下，战略的制定成为一次令人愉快和印象深刻的体验。

西南航空公司的赫布·凯莱赫有一句名言：“我们有一个战略规划，那就是做事。”有趣的是，虽然这样说稍显圆滑，却概括出一个比“技术型”所提供的好得多的方法。我将凯莱赫的话稍作修改：“找到最适合你的位置，然后做事；快速收集反馈信息，重新调整，然后做更多的事情。”换句话说，就是找到一个让你感觉到能够把握战略优势的价值尺度，并把战略当做一个逐渐取得进展的过程来对待——你的天线必须灵敏地收集一切情报，设置中转站（关于整个企业、市场以及高端客户），并快速作出适当、协调的反应，这是一种很高明的艺术。激情也会因此得到成功的展示。

与客户共赢

管理学之父彼得•德鲁克曾经提醒我们，经营的目的就是创造客户。事实确实如此。接下来我们必须做的，就是通过我们的努力帮助客户在竞争中取得成功。

当我们努力吸引客户，帮助客户在竞争中取胜，并因而使自己获益的行为演变成为技术型行为的时候，我们开始建立大量的数据库，使用客户关系管理（CRM）工具，举办各种宣传、促销活动，并将大量的精力花在那些炫人耳目的广告活动上。我们设立客服热线（尽管当你真的打进热线想寻求人工帮助时会异常困难）、网站以及其他很多媒介。

而另一方面，基于成长型的方法则意味着让客户参与到我们的核心经营中，接触我们的工作进程、系统、决定以及我们的员工、培训、领导力和所有的一切。

如果单就网站来说，有谁会因为某个企业拥有一个网站而感到兴奋不已？大概没有。但即使是网站，也可以在基于成长型的基础上，做成一个真正对人们的需求和偏好积极回应，并寻求相应改进的网站。就这方面来说，在互动方面做到完美的 Amazon.com 与大多数只是在表面上标榜用户友好的令人乏味的网站相比，确实做到了利用每一次用户登录的状况来进行改进的网站。因此它们逐步地切实解决了之前在使用便利度、用户个性化和订单操作满意度方面存在的困扰。

这种尝试更加贴近用户的做法，应该被当做令人尊敬的实践经验来看待，而非只是短暂的新奇事物。

在摩托罗拉最鼎盛的时期，CEO 罗伯特·盖尔文（Robert Galvin）将大量时间用在处理客户投诉上。鲍勃·汤森德（Bob Townsend）在他领导 Avis 公司时也做过同样的事情。为什么他们都作出了同样的选择？因为从客户投诉中可以直接得到未被过滤和处理的信息。另外，这种做法还可以对客户在企业中的重要地位起到宣传作用。最近，通用电气也通过主张“从客户出发，为客户服务”（ACFC）来证明客户所具有的重要地位，它们帮助客户解决其所面临的问题，为客户出谋划策，并将通用电气的员工派到客户的企业做技术支持（即使某些产品和服务与通用电气并无关联），这些做法都源于一个信念，那就是成功的客户才是更好的客户。

因此，如果要摆脱功利主义的陷阱，真正接触到客户或消费者的思想、感情和精神层面，需要的是适应性和不断的成长。仅仅是收集客户的电话号码和消费偏好等信息，并不能帮助我们更好地理解他们，从而也不会对我们的决定、产品和服务产生什么影响。

因此，我们需要换一个角度来思考我们的客户。我们不能再把客户当做象征金钱的符号，客户的生活和他们所考虑的重点是我们必须了解的，只有这样，我们才能真正对他们有所帮助（并因此自然而然地吸引到更多业务）。如果采用这种方法，那么我们不仅可以提高客户的生活质量，同时可以为我们自己每天的努力带来更多的激情和满意度。

员工们不可能对客服热线工作充满激情。除非他们能够看到客户确实乐于与我们做生意，看到客服热线是令人愉快的，看到客户在使用我们的产品或服务时兴奋的表情，他们才能够充满激情——就像有人曾经说过的，商业经营总是需要去创造“理由”。

但是这并不代表企业应该去做一些具有社交价值的事情，虽然这可能很重要。我们应该做的是为那些最终令我们获益的客户的成功、满意和惊喜尽最大的努力。

FedEx 对客户作出“次日绝对送达”的承诺正是这一类型的楷模。Four Seasons Hotels 希望让顾客产生“对饭店有思乡的感觉”，也是一个生动的例子。再多的表格、数据库，或我们称之为“基础设施”的东西，也不能激发企业内部员工的潜能和献身精神，更不要说对客户起作用了。富有激情的目标才能唤起富有激情的行动。

人力资源

作为国际咨询顾问的奥马尔（Omar），曾花费了大量时间刻意回避从事人力资源（HR）工作的员工。因为 HR 的主要职责就是通过业绩和利益形式的激励，来帮助高层管理人员和领导团队最大限度地相互学习，并使其策略发挥最大功效。但奇怪的是，人力资源部门的管理者并不是企业最自然的同盟者。

Sensei 公司有幸招得几位非常杰出的人力资源管理者，但他们在很大程度上是少见的例外情况。导致这种状况出现的原因是“人力资源”（可怕的术语）或者说“人才管理”，或者任何类似的术语，大部分都成为了被利用的行政管理方式，偏离了业绩、领导力或企业文化的范畴。因此，人力资源管理者没有尽到支持和激发员工以及他们富有智慧的想法的责任，而是变成了审查各种项目和标准是否具有“服从性”的行政监督者，尽管这种监督极少起到任何实质性的作用。

这种情况的出现，同样是由于“技术型”的人员管理很容易操作，不需要更多的活力、洞察力以及个人的努力。

现今的人力资源管理部门很喜欢声称它们已经达到“同类最佳水平”。这种夸张的自我标榜其实只不过意味着它们所在的企业已经建立了在这个领域中被公认应该使用的系统和流程而已。

当然，职位描述与分类、雇佣和解雇政策、招聘管理、业绩管理以及职业生涯管理都是很重要的。但是流程本身并不能告诉我们任何有关伴随流程使用可能出现的责任、诚信或影响方面的信息。

让我们来看看业绩管理评估的情况。尽管所有的表格都填好了，双方也沟通过了，所有该签字的地方评估者和被评估者都签了字，但是大部分业绩评估都是在浪费时间。为什么？因为业绩评估应该是以员工在这一年里得到了主动而有效的指导为前提进行的。因而这种评估的最佳状况应该是，在正式的评估中没有任何让人出乎意料的信息需要分享。换句话说，如果某个问题在年度评估中引起了特别的关注，说明它具有足够的重要性，那么在员工当时面临问题并着手解决的时候就应该得到实时的信息反馈和积极主动的指导。

一个真正对员工发展负责任的承诺，应该是成为员工才能的侦察员和指导者，并且当员工确实表现良好的时候，成为他们的拥护者和公关经纪人（如果需要），这是一份“基于成长型”的领导能力协议，需要你充满热情地去引导员工实现他们的未来发展规划，实现大家共同的目标。

否则，这个业绩评估过程就是无意义的。它只是去争取一个名义上对当前状况的默许，业绩评估的目的变成仅仅是为了计算奖金分配和讨论薪水涨幅。“业绩”变成了赤裸裸的讨好老板或评估者的结果，而“评估”也只是管理的一个表面现象。

填补领导位置的空白是非常重要的事情。技术导向的人力资源管理者会宣布现在有一个关键的高端职位空缺，然后他们从那些被认为“有潜力”的员工中挑出候选人。但是，通常那些真正有潜力的员工并没有获得什么任务分配或发展机会来显示出他们的潜力。所以这些员工通常是有能力的，但看起来似乎并没有作好填补空缺职位的准备。造成的结果就是，HR部门会找到那些目前最有经验、看似已经为填补空缺“作好准备”，但通常其实是缺乏创见的候选人——一些如果经过冷静分析往往绝不会被考虑为适合这个重要角色的人选。但是就像你所看到的，他们就是我们现在能够找到的人选。

我们可以将这种情况与通用电气所倡导的“基于成长型”的方法进行比较，后者正在日益被更多的企业接受和使用，例如将才能评估视为与预算评估同等重要的微软公司。在它们的年度会议上，一个非常重要的部分就是评估在才能方面的竞争优势、发展需求以及处在企业各个关键位置的领导者的发展潜力，制定一份责任透明的方案，以激发每个人的最佳潜能。所有的决定都是经过充分而激烈的讨论，并得到CEO和所有高层领导者以及人力资源管理专家们的一致同意之后作出的。

在这样的企业中，HR令人振奋地充分发挥着它们应有的作用，而员工们也是热情洋溢的，因为领导者和企业对他们也是充满激情的。

激情杀手

退后一步，我们就可以看到激情杀手为何充斥在我们周围，并且具有破坏性地无处不在。每一件扼杀激情的事情都是由一系列琐碎的技术型行为、格式、规则和强制性的命令组成的。而活力、真正的相关性和吸引力都在这个过程中被消磨殆尽。

我们并不是要反对成长中“技术型”方面的内容。实际上，它们是非常重要的。只是对于激发人类的能力、活力和想象力，这些是不够的。就像地板、墙和门可以组成我们居住的房屋，但是它们充其量只能够给你一所房子，而一个家仍然需要你在其他方面的创造。

因此，实际上我们每一次的努力和尝试都是以最高的变革潜能为尺度来衡量的。这需要我们自身的不断发展、成长，提高行为与技能的适应性，有时甚至需要我们在思考和反应方式上作出一些改进。这是一种对自身进行彻底改造的要求。

领导力本质上就是一个不断前进的彻底改造行为。从事再创造的人是充满激情的——即便再创造很难，并且有时是由于在重要方面具有挑战性造成的——他们身上富有生命力，即我们可诗意地称为“重要驱动力”（élan vital）的东西。

现在，一个帮助我们继续前进的实用方法，就是将一个必须通过集体努力来完成某项任务的团队召集起来，并要求他们列出自己曾经实际体验过的“激情杀手”。

如果按照这个方法去做，你们列出的单子上通常会包括枯燥冗长的会议、比面对面沟通更加啰唆的电子邮件、在缺乏对消费者洞察的情况下作出的判断、过于苛刻的评估、缺乏正面鼓励、缺乏指导、部门内部矛盾，等等。

这些都是重要的问题和巨大的挑战，但同时也可以说是很好的机遇。（我们马上可以看到更多。）

如果你列出的“激情杀手”，绝大部分是一些比较容易解决的问题——例如取消会议 A，修改表格 B，解决某两个人之间的矛盾，或者承诺给大家举办团队建设活动，那么请你马上行动！

将这些比较容易对付的“激情杀手”立刻解决掉。尽可能地发挥集体作用，并采取果断、明显且令人印象深刻的行动，你将会因此赢得大量的善意和友好，并得到充分的赞赏。

但如果你的需求是比较复杂的，你面对的是一些已经渗透到企业经营结构中的问题——就像前面我们列出的第一张单子那样——那么你就必须先去了解哪个问题是最关键、最棘手的，在你所提议的补救措施能够持续成功发挥作用之前，先把这个戈尔迪之结*解决掉。

只有真正抓住并解决了这个最关键的障碍，我们才能继续探讨这本书真正要告诉我们的有关激情释放因子的内容。这些激情释放因子是一些相互作用、行为和工具，能够帮助我们向我们真正期盼的愿景和文化环境迈进，它们能够**激发我们的潜能**——这是与激情和领导力最终相关的内容。

让我们认真地审视，并寻找与最根本的激情杀手有效战斗的方法。这是我们下一章将要涉及的内容。

* 戈尔迪之结（Gordian Knot）：希腊神话中弗里基亚国王戈尔迪打的难解的结。按神谕，能入主亚洲者才能打开此结，马其顿国王亚历山大挥利剑将死结斩开。后比喻难办的事和复杂的问题。——译者注

第3章 沟通只是最后的补救方法吗?

如果你仔细地观察企业中的大部分问题，无论是大是小，你会发现一件非常明显的事——大多数问题从根本上讲都源于沟通。并且无论我们谈论的是破裂的人际关系还是战争，都存在沟通的问题。我们的地球由于充斥着这些因失败沟通而形成的垃圾，变得杂乱无章。

最近在社交圈子里很流行的一句话是，我们应该只同那些与我们意见一致的人沟通，或者只对那些令我们愉快的行为作出回应。这似乎意味着与意见不一致的人的沟通方法就是保持沉默，或者至少是容忍他们的冒犯行为。

这是非常具有讽刺意味的，因为社交政策的根本目的（至少主要目的），正是通过巧妙而软硬兼施的沟通来化解双方的紧张关系，提出最适合的解决方案，权衡利弊，并努力寻求其他我们能够争取到的同盟者的支持。这才是我们所说的社交。

美国的开国者们预计到，在他们创造的国家里会产生利益分歧、两极分化和竞争需求。为解决这个问题，他们建设性地采用了三权分立、相互制衡的体制。在这种结构中，沟通被认为是避免陷入三方僵局的唯一途径。

但是最近我们发现，相对于国家政治和国际关系，这种理论在实践中的表现是远远落后的。即使在商业领域，激增的法律诉讼也表明它并不奏效。律师起到的不是沟通媒介的作用，而是几乎成为了一种用于争论的工具。

很显然，人类只是把沟通和构建关系当做解决问题的最后的补救手段。因此我们自然而然地就被前面所提到的激情杀手的阴影所笼罩。而激情杀手正是由于企业的领导者以及整个企业在关系建设上质量低下和缺乏真实性而造成的。让我们来证明这一点。

如果你幻想过一个能够不以个人的成熟性以及关系的高质量和真实性为支点而存在的企业的话，那么我们早就可以拥有一个美妙的潘格罗斯式（Panglossian）的新世界（潘格罗斯是伏尔泰的著作《老实人》(*Candide*) 中的一个盲目乐观的人物），而非现在实际上面对的普鲁弗洛克式（Prufrockian）的现实（普鲁弗洛克是艾略特在一首诗中表现的一个胆怯、懦弱、焦虑而缺乏信心的角色）。

让我们来假设

想象一个可以为市场提供有价值的产品或服务的企业，它们已经找到了符合成本效益原则的合理的生产途径。它们的产品或服务具有与众不同的特色，并且企业已经设法将这种特色充分地传达给了市场，从而拥有了自己的品牌认知度。我们可以假设这个企业到现在为止一直处于成功的上升阶段，并且可以将投资用于吸引最高端的人才。由于这个企业具有向上的发展曲线和在业界极好的口碑，有能力的人会想要加入这个企业。

鉴于这种情形，消费者也会渴望尝试使用这个企业的产品和服务，因此目前不缺乏投资资本。企业有机会进行扩张、合并或采取其他类似行为。

现在我们将一个择优录取的有才能的 CEO 引入这个假设。在一个成熟度或关系问题不构成主要威胁的世界里，这样一个具有才能的人，处在一个本质上有生存能力的企业中，很可能会以这样的方式发展下去：

他会根据整体的价值考虑创建一个具有才能的、多样化的领导团队。借助他人的能力和智慧来发现自己本身所具有的才能，并弥补自己的劣势。

这位领导者会希望拥有一个强大的生机勃勃的领导团队，无论在相互承诺、意见交换方面，还是在整个企业内部的知识流动方面，都具有相当大的能量。

他将确保在各个客户中心进行信息收集，并保证客户与公司共同创新，可能的话甚至共同制定战略。“客户的成功”将是这家企业对成功的总体衡量标准。

对企业进行改进是每天的议程。过去的教训可以被当做今天用于咨询和商讨的经验，但是每一天都要提出新的质疑和挑战，以不断提高标准，推动企业向更为繁荣的前景迈进。

谦逊的态度和深入聆听是必需的。所有的领导者都应该充满对新想法的渴望和关注一切的好奇心。这种态度将通过持续的意见交换、积极的商讨、频繁更新数据库以及会议和论坛等形式渗透到整个企业中，从而刺激创新并推动决策的形成。

信息反馈无论是从哪里得到的，都将占据最重要的位置。企业的员工会主动寻求信息反馈。来自供应商、客户、分析师或者思想家、诗人、社会学家等一切与我们相互影响，或与我们所处的领域相关的人的信息反馈，都将是企业最重要的资源。

当我们决定采取行动时，就可以上述反馈信息为基础，提早采取行动，并果断地前进和强有力地执行。

在我们进行更为深入的探讨之前，你一定要清楚，有97%的“成功”企业并不像我们上面所描述的那样。实际上，这充其量只是一个乌托邦式的神话，或者说是一个头脑发热的缺乏远见的幻想罢了。

但是原因是什么？为什么企业在那些理性、富有才能、希望将当前和未来的业绩表现最大化的人的领导下，在这个相互联系日益紧密、竞争日益激烈的世界中，却不能像上述我们所描绘的情形一样自然且必然地得到发展呢？

追根溯源，阻碍并非来源于缺乏理性、天资、能力或洞察力，而是我们情绪的成熟度，以及我们与企业中的其他关键人员之间的关系阻碍了企业的发展。

IBM的年度CEO调查表明，领导者最大的担心之一，就是缺乏能够引领企业发展的次级领导者。想到这一点，你会觉得非常奇怪！高层领导者们在一定程度上决定着次级领导者的可用性、质量和准备状态，但是缺乏足够和合适的次级领导者却成为了他们最大的苦恼。

最符合逻辑的解释就是，他们自己缺乏足够的活力和能力去召集、发展、指导、激励以及建立适当的关系，以培养他们自己所需要的人才。

说到IBM，在郭士纳（Gerstner）之前的20世纪90年代，罗伯特·海勒（Robert Heller）曾在他有关这段惨淡时期的记录中写道：“在董事会、投资者和继任者看来，约翰·艾克斯（John Akers）的失败源于他对正确策略的错误执行……很明显，艾克斯没有能够达到彻底改造的真正目的：改造企业中的人的行为，而非改造企业本身……任何补救方法都没有奏效，因为改造者没有能力改造最为关键的部分——他们自身。”

在 Sensei 跨越美国、英国、中东、南亚和东亚，进行全球性研究的 14 年里，我们看到上述情况反复出现。领导者自身的个性仿佛通过血液循环渗透到了整个企业结构中。企业发展的重点、制度规则、开放程度、创新程度、对多样化发展的鼓励程度以及企业的灵活度，全部依赖关键人物的精神动力以及他们相互之间的摩擦和化学反应来决定。同时，这些关系的质量和真实性决定了激情杀手在企业中是能够被战胜还是逐渐发挥出作用的。

为何如此困难

尽管激情杀手给企业带来的是明显和具有破坏性的影响，它却一直停留在企业中，因为想要对抗激情杀手，就要对关系中所显出的最根本的态度和信念进行改造。无论激情杀手起初是由于不良关系（例如商讨不足或合作、一致性出现问题）还是其他原因造成的，都不会遭到适当的公开质疑，因为关系被普遍认为是微不足道和不重要的。

若干年前，惠普的安全总监鲍勃•威泽（Bob Veazle）通过“世界咖啡馆”的方法，亲身体验了建立“沟通网络”所带来的影响，因而在惠普各部门之间发起了一系列有关安全的沟通对话。

世界咖啡馆是一种由多个小组之间进行多轮沟通，并且每一轮沟通以上一轮沟通内容为基础的方法。在每一轮，你都会与一群不同的人进行对话。并且对于某个场地（例如，某张桌子）来说，本轮在此进行沟通时，会有一位上一轮在此场地沟通过的人留下来，作为组长将上一轮讨论过程中出现的信息提供给本轮在此场地参加讨论的人们。本轮参加的人们也要分享他们上一轮在其他场地参加的讨论中所提出的见解和观点。之后，以这些信息分享为本轮讨论的基础，所有成员共同进行更加深入的探讨。随着多轮沟通的进行，每次留下分享信息的人都是不同的，而参加讨论的组员也是流动的。简言之，世界咖啡馆就是一种对一个核心话题进行交叉分享和迭代沟通的方法。

鲍勃·威泽认识到，关键沟通的网络为我们设想企业的组织结构和关系的建设提供了一种令人激动的强有力的模式。于是他在企业组织结构图上设计了一种“沟通网络”。相对于在会议室进行多轮沟通，他认为在不同的部门、领导者和不同地区的分公司之间进行多方沟通是可行的，并且每一次沟通都以前一次沟通产生的结论和相互作用为基础来进行。

随着这种自由流动式的沟通的进行，之前曾经尝试过的严格而死板的安全计划被取代了，令人惊喜的情况出现了。全职的安全主管变成了“沟通组长”，并且无论他们自己是否意识到了这一点，他们已经成为了关系的培育者（因为他们把人们聚集在一起对极为重要的内容进行沟通——有关生死、伤害和健康等问题，与之有关的行为每一天都在深深影响着每一个人）。伤害和意外事故发生率大大降低，某些地区的分公司在以世界标准衡量时甚至达到了最高水平。以至于多年后，鲍勃提到惠普的员工在遇到困难时的做法时，仍然会说：“为什么我们不能像解决安全问题那样去处理它呢？”换句话说，就是让有影响力的员工进行多方沟通，创造和传递不同的想法、见解和体验，就好像传接力棒一样，从企业中的一个团队到另一个团队，邀请每一个人将他们自己的体验添加到越来越庞大的整体中。“像解决安全问题一样处理它”，公司一位创始人说，卡莉·菲奥莉娜（Carly Fiorina）在掌管惠普 / 康柏中东地区分公司时如果能够使用这种方法，情况一定会好很多。

有关上述安全榜样最有趣的事情是，在经过这次努力之后又过了一段时间，某一地区分公司虽然仍维持着与之前相比提高50% 的水平，但安全表现开始下滑。但是波多黎各的分公司却在之后多年一直保持着世界领先水平。

这种差异的产生源于波多黎各分公司把这种内部的安全沟通当成了一种生活方式，而在其他地方，鲍勃的新方法被当成了一个“项目”，关系的建立和良好的沟通并没有坚持下去，因而隔阂就逐渐产生了。

我们需要做些什么

惠普的案例以及大量类似的例子寓意都是非常明显的：以沟通和建立良好关系为基础的领导力，在水平和质量上需要得到持续的改进和提高，直到它真正达到完善。否则，我们只能取得一些暂时性的突破，却无法持久。这种新型的领导力能够完成两件事。首先，通过大规模、不断取得进展的相互沟通和承诺，可以为寻找新的前进之路点燃激情。其次，如果我们能够维持这种新型的领导力，它将通过激情的燃烧来实现持久的突破性改进。

由此我们很自然地联想到了个人成熟度和关系与我们所追求的经营成果之间的关联。

也许对企业来说，最好的机会就是培养领导者的情感成熟度，以及由此产生的开放式的领导风格。除此之外，还有必不可少的对行业知识的合理掌握，面对实际情况进行清晰思考的能力，以及作出判断和决定的能力。这是我们建立良好关系的条件。

反过来，良好的关系也是使基底金属（我们所精通的技术）转变成金子（富有创造性和适应性的业绩）的最好方法。

当我们建立起真实而活跃的关系时，就相当于把最顽固和最有害的激情杀手连根拔除了。由此，活力、奉献精神和良好的业绩都将全部得到释放。

与英雄之旅般的自我转变不同的是——即使存在这种可能，绝大多数人也是不太可能做到的——我们现在所掌握的主要的转变工具就是真诚的沟通和建立稳定的关系。对我们来说，这既是一种自我培养，又是一种积极而有意义的挑战。

四种检验方法

我们怎样做才能改善不良关系，并由此不再给激情杀手提供它们所需要的养分呢？在这里，不良关系指的是生硬、呆板、虚假且不坦率的互动，以及令人窒息的表面关系。我们将为你提供四种关于健康的有利于培养激情的关系的检验方法，它们可以帮助我们实现真正的创新并取得优异的成果。每一种检验方法实际上都包含着一种策略。

第一个检验方法，是问问自己能否及早、坦率、勇敢地说出事实真相。这里的关键，就是学习如何能够更为积极地将真相表达出来，尽可能不使用类似“你不能”这样的说法，而是要为对方提供积极、正面的选择，并在提出相关建议时使对方也能够参与进来。

例如，如果莎莉说："约翰，你的提议毫无意义。让我来告诉你为什么。"约翰此时不太可能作出什么正面的反应。实际上，他很可能已经准备好要为自己的提议争论一番。

但是如果莎莉此时能够带着更多的善意和坦诚来这样表达："约翰，我担心这个建议也许不能实现你我想要的结果。当然可能有什么地方我还存在误解。能不能请你听一下我的想法？然后咱们一起看看怎样才能把问题解决。"

人们总是表现出"残酷无情的诚实"。但这样做是完全没有必要的。诚实不代表残酷，它只是一种重新阐述"是什么"的自由，并且能够帮助我们真正取胜。

第二个有关健全关系的检验方法，就是问自己能否在一个新想法仍处在发展阶段，还没有在情感上被过分依赖时，及时地向别人请教和咨询。这些新想法能否被不断改进甚至超越？换言之，好的想法能否得到习惯性的持续改进？人们的精力是否用在协商与合作中，而不是耗费在盲目乐观的支持以及事后反复的盘问和评估上？

这里我们应该注意的关键点是，把自己的想法强加于人只会令自己受挫。此外，那些能够触发和激活我们新想法的人，同样可以使这些想法停止下来，或者使它们受到重挫。如果你能在计划酝酿的初期就从有经验的同事那里得到他们的建议，面对他们提出的质疑，把大家的想法和着重点都考虑进去的话，你将会真正地从中获益。这种获益包括两部分：

1. 我们不用担心以后会面临意想不到的挑战。

2. 这个想法不仅仅是"我"的主张；它是大家共同的主张，是集体的责任。

此外，如果我们能够主动协助他人完成他们的项目——非入侵性地，而是尽可能提供支持——则表明了我们希望建立对彼此的成功相互承诺、责任分担的文化环境的立场。就像一句老话所说："不合格的团队在工作中相互对抗，合格的团队在工作中相互合作，杰出的团队在工作中彼此奉献。"

这听起来也许不那么深奥，但在实践中却是意味深长且具有穿透力的。

第三个检验方法，就是看一旦我们达成了一致意见，能否迅速地将决议转化为行动。

正如日产公司的卡洛斯·戈恩在帮助公司扭亏为盈时所提出的，真正对速度的检验，并不是看作出决策的速度，而是看一旦决策作出，采取行动的速度。

上面提到的策略或提前咨询的方法，对我们一定会有所帮助。但是这里还有一些问题。我们是否相互了解？是否相互信任？是否能够向他人寻求帮助？会有人向我求助吗？我们是否拥有共同的目标？

如果我们之间的关系是坦诚的（见第一个检验方法），那么一旦决策被制定出来，对于协同行动来说应该就不存在什么障碍了。

在这里，关键的一点是在关系建立上投入时间（不仅仅是商讨问题），使相互赞赏和建设性的相互质疑成为我们的生活方式。这样我们不仅可以分享处于萌芽期的各种想法，还可以分享我们的担忧，以及通向成功过程中遇到的一些障碍和觉察到的缺陷。如果我们可以称之为策略的话，这个策略就是"交谈"，并由此**真诚地相互关联**。不要只是装装样子，这样我们才敢于面对问题，而不是逃避质疑和危机，由此我们才能把能量充分应用到问题的解决上来。

尽早面对危机，在危机演变成为事实之前将它清楚地识别出来，是心智健全和良好的领导能力以及高效率团队的一个共同标志。

第四个检验方法：我们的团队能否发挥出比个体的加总更大的作用?

强有力的相互合作是具有极大挑战性的。可以说，必须在情感上给予相当的激励才能完成。奖励或承诺必须足够大，才能使每个人表现出真实的自己，并带着真诚的好奇心而非防御心理更好地倾听他人。

基于企业愿景和发展意图，我们需要对更为广泛的目标作出承诺。但是从企业经营的立场来看，这些目标应该具有紧迫性、活力和毋庸置疑的吸引力。它们还应该是具有普遍性、影响深远、不可能轻易依靠个人努力的简单加总就能够实现的。它们应该是由一支真正优秀的团队，在生产力和想象力方面实现乘数效应才能得到的结果。

这些目标绝不是追求个人舒适或沉溺于自负和虚荣的想象就能够实现的。实现这样的目标，对于我们自己、我们的团队和企业来说都是一个“更大”的胜利。

这里有三个关于这种意义深远的目标的例子。

我们的一位委托人曾承诺“吸引更高端的客户并使他们成为企业的品牌传播者”。如果不能从兼顾各个职能的角度出发去考虑，是无法真正地实现这样的目标的。

另外一位委托人则承诺“我们将吸引、保留和培养最好的人才……我们将成为吸引人才的磁石”。同样，没有哪个部门可以单独完成这样的任务，这需要全体人员的相互协作。

最后一个例子是，“我们将在某些关键环节提高收益率和客户满意度”。请注意，这个承诺同样跨越了部门的界限，并且需要一个优秀团队的相互配合。而这种配合在缺乏有活力的真诚关系的情况下是不可能实现的。

让我们总结一下

因此，要消除激情杀手，我们首先要修补、恢复和重建我们的关系。当关系变得真诚可靠且充满活力时，激情杀手就会变得软弱。

在（重新）建立了健全良好的关系后，我们就可以面对真相，共同改进我们的想法，协同合作，并且比以前更加团结。如果我们能够做到这样，那么激情杀手要么不会产生，要么就会被迅速消除。

一切听起来都令人满意。尽管如此，但我们还存在一个困惑。即使我们赞成最有效的恢复健康的方法就是建立健全有效的关系，但是普遍存在的缺乏成功的有效沟通这一事实难道不是一个令人悲观的理由吗？换句话说，当其他的企业和团队屡屡遭遇失败的时候，我们凭什么认为自己的企业和团队能够得到一个不同的结果呢？

事实上，当关键的最基本的原则得到团队中每一个成员的支持，并因此在整个团队中盛行时，关系就会变得更加富有生气和活跃起来。

当重大的外部危机发生时，关系往往会被推进（比如地震后的幸存者会结成一个团体，志愿者会给灾难受害者送去援助）的原因，就是在这种极端的状况中，除了团结在一起寻求解决之路以外，没有其他的选择。

在没有巨大灾难发生的较为积极的情况下，我们需要创造和引导一些危机，以鼓励自己充分发挥所拥有的能力，挑战潜在的停滞不前的现状，并实现最高的企业目标。

真正地掌握互动与合作中最重要的部分，并将之融入我们共同分享的日常行为，这种做法必然会将我们引向“最后的补救方法”——有效沟通和真实、富有创造力的关系。

经过一段时间，当“最后的补救方法”已经自然而然地成为我们解决问题的“第一步”的时候，我们就知道自己已经成功了。

下一章将开始介绍帮助我们实现上述目标的激情释放因子。

第4章 激情释放因子之一：亲密关系

第一个激情释放因子就是亲密关系。在团队成员或同事之间创造适当、有效的亲密关系，可以释放激情、富有生产力的能量、创造力以及更多对我们有益的东西。

如果只是读一下这个词语，你可能会感觉到有些混乱。亲密关系？大脑对这个词的反应往往是与私人的浪漫关系联系在一起的，而非富有成效的商业合作。

然而这只不过是由于我们习惯于这样思考。确实，夫妇之间感情上的亲密关系可以释放和加深他们身体之间的亲密关系。但是在工作中，感情上的亲密关系可以释放和加深相互理解、协同合作、有效互动以及带有明确目标的讨论和相互之间强有力的联结。

实际上，全世界的领导者都很清楚这件事。我们都是阿兰·雷顿的追随者。这位态度强硬的英国皇家邮局现任董事长将企业从一度境况不佳的局面中扭转过来。雷顿先生在他最近有关领导力的著作中，不仅叙述了自己的亲身体验，还引用了一些商业巨人，如在英国经营 Tesco 获得巨大成功的特里·莱西（Terry

Leahy）、GlaxoSmithKline 的董事长克里斯托夫·根特爵士（Sir Christopher Gent）、lastminute.com 的创始人布伦特·赫贝曼（Brent Hoberman）、普尔文·瓦希（Perween Warsi）（不列颠咖喱皇后）甚至鲁伯特·默多克（Rupert Murdoch）的一些案例。

有趣的是，这些商业巨人们在谈到成功领导的必要条件时，无一例外地强调了人与团队的问题。不错。让我们来思考一下这究竟意味着什么。当人们将自己的能力融入**团队中发挥乘数效应**时，他们变得更加强大。领导者们无一例外地这样说。但究竟是什么促使人们形成团队？当然他们掌握着很多技能，并拥有某些共同特征。但是潜在的原因可能是思维习惯、心态、价值观、信仰、优先考虑的重点、敏感度、才能甚至是缺点使我们组成了一个团队。我们很难跟自己不了解的人在一个团队中合作。与我们既不了解也不关心的人一起工作是很难充满激情的。

因此，对于亲密关系，我们在这里所要表述的意思，也可以重新写作"深入了解"。这是赋予团队合理、强烈的渴望和抱负的一种必不可少的洞察力和领悟力。

亲密关系被列为第一个激情释放因子，它可能是建立关系的最根本的基础。因为当你与他人建立了亲密关系时，你就获得了深层、真实可靠的对他人的需求、质疑和所具有的洞察力优势，同时他们也因此获得了对你的相应的洞察力。

如果我们思考在缺乏这种亲密关系时会表现出什么症状，这种知识和洞察力的实用性或者说重要性就变得非常明显。我们可以很容易地将这些症状归类：疏远、伪装以及不良的党派之争。让我们依次来看一下。

疏　远

当我们因为缺乏亲密关系而无法培养自我与他人的关系时，我们感到自己是分离的，是孤独和被隔绝的。我们在情感上的状态就类似斯科特•亚当斯（Scott Adams）在其讽刺作品《呆伯特》（*Dilbert*）中所表现的那样，无聊地蜷缩在自己的小格子里。盖洛普公司在其有关高度激情 / 高业绩表现工作场所的调查中，得出的结论是：在工作中拥有良好的关系是杰出业绩表现的最主要的前提条件。

当我们与他人疏远、隔绝并带有漠不关心的态度时，我们很难想象关系本身，更不要提建立有价值的良好关系了。

对于那些仍然在说“我为什么一定要和同事建立超出职业关系的关系”的人，我们要请他们更加仔细地思考一下这个提问中所包含的一个假设。为什么“职业的”就必须是与情感相分离的呢？我们真的想用生命中大部分的时间，来与那些与我们相互合作、影响着我们的生活质量甚至决定着我们的工作成果的人毫无热情地冷漠相处吗？

有一点其实很清楚，就是这实际上没有更多争论的必要。人们只是对这样做可能会引发的能量和情感上的变化感到紧张而已。我们有点被吓到了，但这并不能成为反对付出努力的一个理由。

这种改变需要勇气，这也是我们将其称为领导力的原因。

伪　装

在企业中，如果我们没有与任何人建立有意义的关系，而又确实需要与他人进行相互配合，这种互动会带着特有的伪装。当我们没有建立真正的亲密关系时，每个人都不得不对自己的外在表现作一些保护。并且这些外在表现在以企业行为准则为尺度进行衡量时，通常都显得具有“吸引力”……或者在我们自己看来，这些表现在社会中是可以被他人接受的。

因此，每个人都可以伪装成一种表面上很积极的样子，仿佛在为某个有意义的目标忙碌着。我们选择性地听从和重复那些无关紧要和无意义的话，或找到合适的位置来尽量保证自己的日程安排，或者人云亦云地随波逐流，以免犯错。真正的感觉、想法、担忧、激情和承诺，都只是这场持久且令人遗憾的假面舞会的牺牲品。

当我们与一些处于全球领先地位的企业，诸如银行、电信、家庭与个人护理、货运与物流、食品、IT、酒店管理等不同领域的企业进行合作，在谈及最顽固的激情杀手时，它们不约而同地提到了会议。如果你稍微深入研究一下为何会议会使人们如此痛苦，就会发现得到的答案是十分值得注意的。

人们总是说会议时间太长了。

我们问，为什么呢？

因为大家总是偏离议题。

我们再次询问为什么。难道他们缺乏能够集中在议题上的智力吗？

这样经过几个回合的询问后，人们终于承认并不是智力的问题，而是因为相对于解决真正的问题来说，争论次要的、非本质的问题要容易得多。

当我们再次询问为什么时，经过一段时间的思考，被询问者回答说，因为大家担心，如果坦率地讨论真正需要讨论的问题会产生某些后果。

由此可见，真正的问题并不在于会议本身，而在于徒劳的沟通。为什么会是徒劳的？因为每个人都在打幌子回避真正的问题所在。会议被人们憎恶，并且令激情磨灭的原因，就是因为同样的议题总是反复出现，尽管它可能表现为各种不同的形式。而议题之所以会反复出现，是因为人们从来都不能明确果断地对它进行讨论，更不要提解决了。

伪装导致我们浪费了数不清的时间、金钱（既包括用来召集员工开会的实际成本，也包括由于浪费精力和时间造成的机会成本）、信誉和机会。

不良的党派之争

归属感是有关人类行为动机的一个基本现实。我们可以从很多地方将其识别出来，例如年轻时形成的属于自己的小圈子；渴望参与某个宗教组织并得到认可和支持；基于民族主义和爱国主义的身份认同；热衷于与其他爱好者分享我们对于同一体育团队或乐队的狂热；加入俱乐部和社团来构建我们的关系网络，等等。我们是集体动物。如果不与他人接触，我们就会在精神上变得委靡不振。

这就是为什么“单独监禁”是对我们最严厉的惩罚。它确实对我们可能伤害到的其他人起到了保护作用；但更主要的是，它是一种极具毁灭性的打击，因而对人类具有足够的威慑力。如果企业文化阻碍了亲密关系和团队的建立，那么在实质上就等于创造了情感上“单独监禁”的牢房。

在企业生活中，亲密关系的缺乏意味着我们无法通过与他人的交往获得令人满意的归属感，而只能通过我们在企业中所拥有的表面的从属关系，即职能或部门来完成。我们从属于不同的职能部门——市场、财务、销售、人力资源、研发，等等。我们的职业生涯也是依靠职能来培养的，因此我们倾向于成为各种职能部门在经营操作上的密友，而忽略了与整条价值链上的重要合作伙伴以及协同创造者建立亲密关系。

这会导致很多不良后果。例如，一个具有现实性的企业愿景，可能因为必须跨越各部门的管理领域以及一些管理真空地带而变得四分五裂，而一个充满活力的目标则更是不可能实现。内部矛盾的爆发会使其失去控制。绝大部分企业的最大成本都来自于部门之间相互推卸责任而导致的时间浪费和低效率。在缺乏相互信任的关系和对合作伙伴理解的前提下，我们所能做的只是为保卫自己小小的地盘而战。

不仅如此，缺乏活跃的关系还会将我们卷入不同层级之间、不同地区和国家的团队之间以及与供应商或更多合作者之间的潜在党派之争。

在这些内部斗争的影响下，我们很难将自己富有创造力的能量发挥到它们本应属于的地方：通过真正地吸引客户在市场上取胜并不断成长。

由此看来，杰克·韦尔奇在通用电气强烈要求推行“无边界管理”的政策就不足为奇了。

培养真正的亲密关系

如果能够用真正的联结来代替疏远，用勇敢和真实性代替伪装，用充满生气的伙伴关系与协作代替不良的党派之争，激情就会从困境中被释放出来。

我们对这一点的强调到此为止。我们并不是在说每个人都必须相互喜爱，或者成为最好的朋友，或者一同计划家庭旅行。我们的意思是，你需要投入一定的时间和精力来让别人了解自己，同时也去了解其他人，因为如果你希望能够和他们进行有效合作，就必须了解自己是在和谁一起工作。

从智力的层面上讲，这显然是不证自明的。但是在实际操作中，与他人分享有关自己的信息需要情感上的能量。同样，超越懒惰和心理舒适区域，将自己延伸出去也是必需的。无论你怎样选择，这种需要仍然不可避免。并且你会发现，相对于蜷缩在原地什么都不做，为实现有效突破而释放出能量能够为我们带来一些意想不到的收获，而且这些收获值得你暂时忍受一些可能出现的不舒适的感觉。

除非生活和工作本来的模式就是人们天生想要相互攻击并得到糟糕的工作成果，否则我们在互动关系中不可避免地要建立一定程度的亲密关系。

大多数人恐怕不会在每天早上起床的时候考虑，“怎样才能让我的同事生活得不愉快些，怎样才能将工作做到最糟。”

一般来说，大家都会这样想，“我愿意帮助别人，但是不想被当做傻子。我愿意把工作做好，如果我知道如何能够产生影响并得到赏识。”

我们承认这听起来不那么高尚，更不是什么史诗般的美好想法。但这些解释意味着人们乐于被接受和认同。如果我们能够鼓励这样的意愿，大多数人会更乐于友好对待他人，而非折磨他人并造成困扰。为什么？因为当我们作出这样的选择时，生活会变得更加美好，更富有吸引力、充满乐趣，我们能够收获更多，对生活感到更满意，并且精力充沛，充满激情。

还有一个我们需要与同事建立亲密关系和实现真诚共享的理

由。那就是在很多时候，我们并不能达到自己的最佳状态。我们会情绪低落，沮丧，心烦意乱，或感觉空虚。这些对我们的创造力和工作效率是不利的。如果能够与人分享这些情绪，哪怕只有片刻，我们都能够得到具有移情作用的倾听，从而帮助我们继续勇往直前。情绪被压抑，就会成为我们的负担。表达出来，它就会得到释放。

我最近与一家全球最大的跨国企业之一的区域负责人进行合作。这个团队致力于促进开放性和融洽关系的建立，同时也注重面对现实的果断的执行力的培养。他们认为，要想获得持续的成功，以上两点必须是同时存在的。情感毕竟是为业绩提供能量的燃料。

负责人雅克向他的团队展示了他儿子的一幅画，他儿子最近在踢足球时弄伤了自己的胳膊。雅克说："我儿子知道我要把他的画拿给几百人看时相当开心。"接着他又说，"我想念他。我为我不能跟他在一起感到有点儿沮丧，因为在我必须出发去机场之前的几个小时，他弄伤了胳膊。我向你们说这个是想阐明我的观点。第一，我希望和你们分享一些关于我自己的事情，我关心什么，我是谁。但是同样，通过与你们分享，我现在感觉好一些了。我可以将工作继续开展下去。"的确是这样。能够与人分享并继续前进，对人类来说是必要的，因为工作仍要完成。

那么我们如何培养亲密关系？

有两个原因导致我们往往不能与他人分享有关自己的详细信息：（1）缺乏合适的机会；（2）需要有人首先主动分享。如果我们做了那个带头人，而别人却退缩了，随着对方收起你们之间的沟通之桥，我们自己就变成了被遗弃者，这种窘境使我们不想将这个过程进行下去。因此，我们要为你提供一个方法，可以将建立亲密关系变成真正的团队行动。

一个简单的方法——分享我们的伪装

请注意我们说的是“简单”，而非“容易”。这一区别在这里非常重要。

接下来我们需要的是一个专注的过程。我们确信，在一次非常自然的互动与对话中，尽管有时我们需要一些推动力甚至催化剂，但是变得更加开放与坦诚是我们随时都可以做到的。只要你想这么做，任何时候它对你来说都是一个简单的过程。

理想情况下，我们建议你从企业最高的领导团队开始。如果因为你只是项目组长或部门领导，或者身居其他一些更低的职位而无法做到，请从你自己的团队或其他你对他人能够产生一定影响的地方开始。

你需要一段集中的时间，对于一个7～9人的团队来说大约需要一个半小时，我们建议你引导大家做一个被称为“分享我们的伪装”的练习。

这听起来有些深奥，但却能够起到令人吃惊的实际作用。

“伪装”只是一种表面现象。当别人不了解我们的时候，我们的伪装就是我们在他们面前表现出来的样子。有些伪装是故意的。例如，当情感或心理上需要作出防御时，我们就会制造出某种形象。通常这样做都是为了避免暴露我们的弱点。

所以在我们实际上需要鼓励的时候，我们却表现得好像很有自信；当我们真正在寻求支持的时候，却偏偏为自己制造出独立的光环；当我们担心别人可能会察觉到我们心中的疑虑，并因而把我们当成优柔寡断的人时，我们表现出的却是确定性，等等。

当我们害怕因为对别人提出质疑而令自己不受欢迎、遭人反感或让他人对自己有不公正的评论，或者担心别人可能会利用这些信息来对抗自己时，我们就会作出伪装。就像是参加假面舞会，我们穿上了行为和情感的表演服装，呈现出另一个自我。这需要耗费大量的能量，并且会给自己施加压力。“演员”通常在几个小时的完全“进入角色”后变得非常疲惫。但是在这样不断进行的扮演中，伪装却很少能有卸下的时候。

没有伪装的生活是轻松的，没有太大压力，也愉快得多。但就像我们所看到的，由于某些原因我们使用了伪装，并且大多数人不愿意承认这一点。毕竟，伪装的本质就是我们强烈地渴望向别人显示我们所表现出来的就是真实的。另外，我们甚至迟早会在某种程度上开始欺骗自己。因此，也许通过另一条途径，我们能够更容易地接近伪装。

伪装的另一个特点是，我们可以通过探索自己在哪些方面被误解的程度最深来找到它，这是一个容易操作的方法。

如果你告诉你的团队成员们，沟通是发生在倾听者一端的（而非发话者那一端），并且发出的信息与对方接收到的信息通常是不同的（这正是不良沟通的定义），那么这里很可能存在着伪装，并且这使其他人得出的关于你的结论总与事实不相符。

具体来说，由于当真正的自信重新恢复时会表现出惊人的和谐（看起来的样子与一贯的行为是大体一致的），此时那些带着自信伪装的人就会出现过度的补偿反应，反而表现出傲慢的态度。当你能够真诚地与自我和谐相处时，你所面对的那些带着伪装面具的人就会表现出好斗而古怪或者阴沉的孤立状态。为什么？因为伪装引导他们将自己想表现出的特性夸大。就像人造珍珠总是被制造得十分光滑并且闪闪发光，这使得它们看起来比那些高质量的养殖珍珠，比如 Mikimoto 或其他品牌的珍珠更加显眼，我们在进行伪装的时候也会作出同样的**过度强调的举动**。

因此如果我们要求每个人都去思考，其他人在什么方面最容易误解自己，互动中什么时候最容易出现摩擦与冲突（也就是自己最倾向于以错误的方式激怒他人的时候），以及他们认为自己最不能得到理解和赏识的地方，这些通常就是他们的伪装所在，也正是我们想要传达的信息与对方接收到的信息存在根本差异的地方。

在最近的一次练习中，我们碰到了一位领导者。每个人都认为他过于犹豫不决，他们总是希望他能够迅速表态。但是当他在考虑这个问题的时候觉得自己被完全地误解了，因为他认为需要经过集体参与和商议才能作出决定。经过进一步的探究，我们发现他其实是害怕自己不能确定是否已经考虑全面。他过去的一个老板曾经非常不留情面地谴责过他，原因是他没有对自己的演讲稿中的每一个细节进行再三检查。因此，他现在希望对每一件事都作反复彻底的检查，直到所有人都认可。

当意识到其实对他所面对的每一个问题，在清楚了解了关键事实、关键风险和关键利益之后就可以作出决断的时候，他就能够改变自己的工作方式和反复盘问的习惯，以及对事实的深度和本质研究提出的苛刻要求，并推动自己向前迈进。他的团队成员由于参与了这次练习，也了解到他们可以在感觉到自己被过度要求检查非关键性的内容，并因而可能浪费宝贵的时间时，对老板进行适当的提醒。“解除伪装”帮助这位领导者释放了自我，并得到了其他人的有效支持。

这样一次团队成员之间的信息分享成效显著。如果团队领导者能够首先采取主动，并且勇敢地为大家作一个很好的示范，而非过度透露个人隐私，这种分享的效果会更好。这并不是一种情感的脱衣秀，它只是在帮助你移除那道不必要的、导致别人产生无益且不正确看法的令人窒息的墙壁。

当我们引导大家做这个练习的时候，我们一次又一次地发现，我们谈论自己在别人面前是如何表现的，还让别人参与进来，以证实或调整我们自己的看法其实是多么“安全”的一件事，这是十分有趣的。常常会有人说，“你们知道我是一个腼腆的人。”令人惊讶的是，其他同事会这样回答：“这太不可思议了！我觉得你很有自信，有时候甚至有点儿爱出风头。”这个主动开始分享的人通常会意识到发生了什么，并且这样回答：“是的，这可能就是我的伪装。”

或者有些时候，伪装也可能是一些与实际相符但却表现过度的行为。有些人可能会说：“我其实很想作出一些贡献，但是我也愿意让别人有说话的机会。”另一位团队成员可能会回答：“实际上我希望你能表现得更踊跃一些。你看起来非常不合群，好像根本不想参与进来。”在此基础上我们能够预计，一次内容丰富并且态度坦诚的对话立刻就可以开始了。

一旦伪装（或者说扭曲的和/或夸张的表现）得以分享，就会促使一个团队乐于抛开扭曲的表现，带着更多真诚的意图和真实的自我对他们在沟通中所取得的共同进步进行评估——例如在月度会议上分享每个人在沟通过程中是如何取得进展的，而不仅仅是分享他们沟通的“内容”。

例如，你可以留出30分钟，让你的团队成员分享他们在处理自己的伪装时的感受，并且要求其他人给出一些建议。同样，他们可以对于沟通是否正在变得更加清晰、大胆、可靠、善意并且有效进行信息反馈。如果答案是肯定的，就让我们分享这种进步是如何达到的，并以此为基础进一步发展。如果还没有出现这样有效的进展，那么让我们来了解一下是什么原因阻碍了它。

如果高层领导者能够将这种练习推广到其他团队，并且在整个企业分享这种“误导性表现”（亲密关系的对立面），那么不可思议的关系培养沟通网络将会对企业产生巨大的影响。

面对并跳出防御心理

3～4个月之后，就可以开始另一个可以进一步加深相互理解、信任和沟通影响力的进程了。

我们可以邀请每一个团队成员来分享有关他的“防御心理”的信息。换句话说，每个人都将被要求谈论他们自己最敏感的、易怒的，需要保持一定舒适度的心理地带（例如，受到挑战或质疑，被反复询问或被忽视，受到无端的猜疑）。之后他们还要分享自己随之作出某些反应的理由。

尽管不会每次都如此，但是我们经常会发现存在一些对人们日后的发展产生巨大影响的瞬间，这些瞬间使人非常痛苦，以至于人们因此为自己筑起坚固的防御堡垒。这些事情可能是发生在童年的某些事情，也可能是来自不太遥远的过去的事情——比如一个专横傲慢的老板（像我们前面提到的例子），或者一个关系破碎的团队，再或者一个使人压力过大的项目。

通常当其他团队成员听到这些描述时，便会更为清晰地认识这个人，了解他以往某些行为的原因。他们会意识到自己曾经是怎样不经意地触动了别人的防御开关，或者曾经看到他的“爆发”（当心理防御向外表达时）或“内向聚集”（表现为自闭、退缩或心理的内部挣扎）。

一旦这些反应被识别并加以分享，它就几乎不能再造成什么破坏。用心理学的术语来讲，就是与之“分离”（例如，不再出现某些情绪化的反应），我们可以把它看做一种现象，而非我们内在本质的一部分。我们可以看到它只是我们学到的一种反应，我们可以忘掉它并选择学习新的东西。

一旦其他团队成员了解到是什么触发了心理防御的开关，他们就可以更加警觉，并且更加灵活敏锐地进行沟通。而曾经具有防御心理的人也会意识到是什么触发了自己的消极情绪。

让我们来举一个例子。如果我不喜欢因为任何事情受到指责，那么我会不自觉地去寻找一种没有挑战性的顺从的关系。如果这种痛恨被指责的情绪中隐藏着潜在的、根深蒂固的自卑感，并且我不想去面对它，而只想采取任何可能的手段把它压制下去，那么当遭遇某些情况迫使我必须面对它的时候，我就会表现得非常不可理喻。

当我遇到挑战或质疑时，情绪的爆发可能会相当猛烈，以至于使他人感到有必要把他们对于我的看法隐藏起来。他们可能宁愿背后议论而不愿当面与我谈论。此外他们可能会将一些想法、担忧甚至提供帮助的意愿保留起来，因为没有人想穿越我的情绪雷区。

由此我的成长、关系的建立，甚至可能是职业生涯，都潜在地受到了妨碍，只因为我害怕面对自己内在的批判性的情绪。

当然很明显，我们举了一个极端的例子，但这只是为了阐明我的论点。坦率地说，这个例子并不十分夸张。它广泛地存在于那些看起来业绩相当出色的员工当中，他们总是在压制自己内心批判的声音，也正因为如此，他们很难容忍来自外界的批评。

摆脱心理防御困境的唯一方法，正是去**真正地感受那些令人害怕的情绪**，这有些出乎我们的意料。我们越是坦率地去体验它，就越不会受到它的惊吓。只有当我们面对它时，我们才能采取必要的措施来克服它。

为了更好地实现这个目标，我们可以选择在一些小范围可控制的实验中面对自己的恐惧，并且最好是在自己相对能够获得更多支持和帮助的环境中进行。因此我们建议所有参加这一练习的团队成员作出共同的承诺，也就是要相互支持和鼓励彼此去面对情绪，而非顺从自己心理上的防御机制去逃避情绪。

开普敦一家制药企业的高层团队中的两名成员，作出了相互援助的承诺，保证不会在受到质疑的时候，习惯性地以沉默的方式拒绝对方。他们还决定在这个过程中尽早征求对方的意见。

在了解了引发沉默的原因，并且意识到这并不是每个人内心真正的令人自豪的反应，而只是一种不合时宜的反射后，他们相互帮助，跨越了自己的障碍。

一个能够支持成员跨越心理防御的团队，会因此创造更多令人鼓舞的有勇气而且重要的沟通，并能为公司业绩带来大幅度的提升。

这也表明，我们在这章中所讨论的内容并非一项“温和的”练习。它是一项相当“艰难的”工作，并且能够产生实质性的效果。

其他的方法远远不及这个方法有效，它们只能让我们以拐弯抹角的方式相互回避事实，而并不能引导我们去正视我们需要做的事情。

当一个带着伪装的高层团队开始着手这个过程，并且坚持每隔一段时间就进行信息更新、相互肯定和反馈时，这种沟通方式会因此而流向其他团队和层级，最终遍及整个企业。而积极的互动与真诚的对话将由此产生巨大的影响。

保持亲密关系

我们上面讨论了有关如何激发亲密沟通的方法。保持亲密关系其实更加简单。一家经营个人与家庭护理产品的跨国企业的高层团队，对 Sensei 的协助者讲道：“在我们开始分享有关自己的

‘伪装’的信息后，去敲别人办公室的门并顺便拜访一下变得非常容易，我们会喝杯咖啡，闲聊一会儿，交换一些想法或了解某些进展，提供一点儿帮助，甚至看一看孩子们是怎么做的。通过这些交流和不拘小节的谈话，我们逐渐了解了彼此。”

使工作充满激情变得更加容易了。当我们希望并开始相互信任时，我们甚至渴望与那些为了达到我们所追求的目标而必须与之合作的伙伴们进行互动。

总 结

第一个激情释放因子就是亲密关系。在这里，它代表“深入了解”，即邀请别人来了解自己，同时也渴望了解他人。

虽然这听起来像是老生常谈，但产生的结果是让我能够成为真正的我，你也能够成为真正的你，我们所付出的努力也不再是相互伪装和遮掩，而是让合作真正有效，并且尽可能取得更好的成果。

早期有一本关于心理学概念中的交互分析的书籍，名为《我很好，你也很好》(*I'm Okay, You're Okay*)。我与畅销书作者斯科特•佩克（M. Scott Peck，《少有人走的路》(*The Road Less Traveled*) 一书作者）共同工作多年。帕克医生从一个精神治疗医生的角度总结他在诊所里的经验时，说过一句很有意思也许更为准确的话：“我不是很好，你也不是很好……但是这样也挺不错！”

我们都处在一个发展过程中。我们并不是什么都好、什么都不变，也不是完美的、对什么都能够完全胜任的。我们在成长。而且这样确实“很好”，只要我们能够分享这个过程，并且共同努力。

第5章 激情释放因子之二：正确的目标

在建立了亲密关系的基础上，下一步我们需要把注意力集中到正确的工作重点、行动和成果上。这要求我们有一整套清晰的工作重点、行动和成果规划。因此，第二个激情释放因子就是理解与分享正确的目标。

这很难想象。前面我们曾经提到，盖洛普公司的调查结果显示，有效的关系，对高度激情 / 高业绩表现工作场所起着决定性的作用。这个调查同时显示，清楚地了解你必须要完成的任务，并且掌握在这个过程中一些必要的方法和内容（包括资源、技术、支持、有效的流程）同样是必不可少的。但遗憾的是，就我们在全球范围内的咨询经验来看，这方面常常是不足的。

在讨论会上，奥马尔经常会邀请一些代表来进行下面这个实验。在头脑中想象一下，就日常行动方案和工作重点来看，你的团队成员关键的工作重点和目标是什么（并非已打印成说明文字且已公布的“战略”）。换句话说，你希望他们把主要的能量、想象力和时间花在什么地方？然后在没有任何预先告知或准备的情况下，询问你的团队中的每一个成员，他们所考虑的关键工作重点是什么，以及他们目前把大部分时间都花在什么地方。这个结果至少会对你有所启发，并且很有可能会令你感到震惊。

大部分企业的愿景和战略不是模糊不清，就是不切实际地高高在上，很难将之转化成为每天的具体工作内容。由于与企业经营的意义存在脱节，工作常常会失去活力、关联性，以及本应伴随的激情。

《圣经》中有一句话："没有憧憬，民族消灭。"为什么会这样？因为关于人类的一个重要事实是，我们像追寻归属感一样重视意义的创造。我们被驱使着去做一些我们认为有意义的事情。当这一部分缺乏的时候，我们就会受到存在危机的巨大挑战。这时候我们会怀疑自己正在做的事情是否重要；更进一步，至少在某种程度上，我们会怀疑自己的存在是否重要。在人生的各个阶段，能够战胜这个危机对我们来说都是健康的转变，但是对一个有能力的人来说，延长这种状态持续的时间决不是什么值得羡慕的事情。

促使我们去追寻意义，或让我们在意义缺失的时候感到痛苦的原因，是因为我们人类不仅是有意识的，还是有自我意识的。这对我们来说，既有利又有弊。

说它存在弊端，是因为我们常常会对别人如何感知并认识我们自己做的某些事情有所觉察并感到恐惧，因而无法继续正常做下去。我们猜测，过度紧张，烦恼，焦虑，幻想，并且过分夸大事实。这些交替出现的精神上和情绪上的症状对我们的实际操作形成了干扰。

因此，我们常常会遇到一些感觉自己手下没有"合适的员工"的领导者，而这仅仅是因为他们自己有着明显的完美主义倾向。完美主义往往是在精心的伪装之下隐藏的一种畏惧心理。如果我认为自己不能把一件事做到完美就拒绝去做，那么当"完美"被严格定义时，达到完美显然就是不可能的，而我因此就有了一个不去行动的借口。或者至少可以这样说，我要对每一个细小的环节都有十足的把握后才开始着手去做，即使我知道如果能早一点投入的话，可能已经实现了目标，并且随着各种情况的出现，我还可以不断学到新东西。

与这样一位年轻的领导者合作（假设我们称他为雅克）是非常令人难受的，因为虽然他有勇气并且关心员工，与他人关系密切，有足够的奉献精神以及更多的优点，但是他对自己所能察觉到的一切缺点和瑕疵的自我意识是如此敏锐，以至于会为了所有可以想象出的错误而感到极度焦虑。他的老板对他寄予厚望，希望他能够进一步提高自己的领导能力。他却总是害怕有一天别人发现他根本不具备必要的领导素质。其实几乎没有任何事实能够证明他的担心，但是他的自我意识掩盖了事实。

三年之后，这位年轻的领导者学会了“驾驭”自我意识，他使之顺从自己，并学会了如何利用这匹野马。这个内在的声音现在只是一个偶尔出现的小小干扰，而非他成长之旅的常态。这种改变帮助他重新定位，并明确了自己为更加美好的未来发展而努力的立场。他已经有了值得为之奋斗的目标。

我们顺便提一下，这种消极的、掩盖事实的自我意识，在从莎士比亚笔下的伟人到几乎创造了一个时代的拿破仑这些杰出却并不完美的人物的传记中，都被普遍、反复地提到。

自我意识同样是一份潜在的巨大礼物，因为我们可以更具建设性地利用它，来思考我们的所作所为的本质是什么。自我意识让我们能够想象超越本然的更多的东西。利用它，我们可以将恐惧转化为能量，将失败转化为教训，有时甚至可以将痛苦和折磨视作推动自己前进的力量。当我们想到，有一个比当前表面上的痛苦与快乐更重要的理由支持我们的自我扩展时，我们就能够做到。

温斯顿·丘吉尔利用这种能力来激励他的国家。就像牛津大学的一位教师曾对我们说过的："就他的偏见、极端和所有不符合时代的错误来说，在那个一切都处于危险中的时期，他让我们清楚了解到我们是谁……并且我们相信了他。这就意味着一切。"

能够激励自己和整个团队发挥更大能量的一个更为重要的原因，就是拥有未来愿景和实际的目标。当这两个因素同时存在时，激情就自然而然地流淌出来。

我们会想起兰斯·阿姆斯特朗（Lance Armstrong），参加环法自行车赛并获得冠军的目标，使他在坚持与睾丸癌作斗争的过程中拥有不可战胜的意志，并且在恢复健康复出后，最终帮助他获得了七连冠。

沃尔特·迪斯尼历经几次破产，却仍不放弃要通过独特的方式为人们制造欢乐的梦想，最终创造出了米老鼠及其后的娱乐帝国。

索尼公司与20世纪50年代流行的"日本制造"意味着与低质量和交货慢的观念作斗争，并且提出了具有远见的目标：让"日本制造"成为高质量的代名词。

但是在这些例子中，有一件事是非常明确的，那就是只有愿景还不够。最好的愿景也只能让企业所有者和利益相关者感到兴奋不已，却不能吸引除此之外的其他人，除非这个愿景对于更广泛的人类需求同样具有重要意义。我们需要为自己的努力和承诺寻找重要的意义——这是让潜在的激情奔涌而出的关键所在。

同样，只有目标也是不够的。"我们将减轻痛苦和伤害"听起来不错，但是缺乏具有远见的独特性时它就变得单调沉闷。它并不能令激情得到释放，因为它太泛化了，就好像在说"尽你所能"一样。那么我们需要的究竟是什么呢？我们既需要一个愿景

（我们想要实现的未来），也需要一个为之奋斗的理由（一个能够清楚证明这样做是有价值的目的）。

一个作为总体目标的具有远见的目的甚至是没有必要陈述出来的。让我们解释一下为什么。

并非一个任务陈述

一个具有远见的目标与愿景或任务陈述并不相同。它是一个生动的承诺，可以从所有的工作优先顺序、评估指标和报酬上体现出来。

郭士纳在帮助 IBM 扭亏为盈的时期，对于描述长期愿景嗤之以鼻。但是他揭开了 IBM 从大型机生产企业向为客户提供解决方案型企业转变的序幕。如今的 IBM 已经成为一家咨询公司，而不再从事计算机制造业务。

创造新的市场和行业，成为新价值空间里的先锋，是一个强有力的愿景，它还能够成为一个令人兴奋的目标，并且让人们愿意为之奋斗。这对于全球的 IBM 人来说无疑是非常合适的。

杰克·韦尔奇在接管通用电气时同样没有准备这样的陈述，并且认为说漂亮话从来不是他考虑的重点。但是当他的领导力哲学得以充分发挥的时候，两个相辅相成的愿景自然而然地出现了。其中一个是使通用电气成为世界上最富有生产力的企业。就市场资本总额和市场价值来说，他和他的团队确实取得了成功。

另一个愿景就是希望通用电气能够成为最好的领导能力培养企业，在这方面他同样取得了成功。我们现在可以看到，更多全球领先企业的 CEO 都是通用电气培养出来的，而非哈佛商学院。

对微软来说，具有远见的目标随着时间在改变。最初他们只是设想让每张桌子上都有一台电脑。接着转变为：通过软件解放人类。当然这种描述很可能加入了商业广告性质的成分。“作为软件的最初提供者，通过软件在全球范围内释放想象力”（反映出了对控制市场的渴望）可能是对企业愿景和核心目标的一种更为真实的表达。

同样，它又是一种现实存在，而非仅仅是语言表达。人们可以真实地感受到它，为它采取行动，并因此充满激情。

让我们来看另一个极端：你可以看到通用汽车和福特汽车都有着非常令人鼓舞的愿景陈述，但现实却表现得草率和令人沮丧。丰田的愿景陈述相比之下显得拘谨和平淡，但是它的领导能力、团队作战、流程、薪酬以及制度体系无不有力地显示出杰出经营的特质，表达着成为世界最大汽车制造商的渴望。最近它们已经实现了这个目标。

尽管具有远见的目标需要真正的活力，但是我们的故事、立场和未来构想对其他人来说都必须同样重要。星巴克致力于把自己打造成世界的咖啡店，创造出能够让人们恢复活力和进行良好沟通的空间。毫无疑问，它们也有自己的目标，包括市场扩张及收益状况；但是他们首先必须做的，是让他们的“故事”深深影响顾客以及企业内部所有员工的生活。

Virgin 集团偶像式的领导者理查德·布兰森，分别在受到严格管制的航空产业和音乐产业挑战了英国航空公司和 Capitol Records，而这些只是他那狂想家式的、从总体来看却又相当有利可图的冒险中的一小部分而已，他的经营事业简直可以用大卫与歌利亚之战（以弱胜强的经典）来形容。他的想法总是令人激动的，厚脸皮的，无所畏惧的，并且充满想象力，在情感上深深吸引住观众们。

由此我们很容易领悟到这一点：人总是需要一个目标，并且这个目标必须从本质上来讲对他非常重要，或者是由此可以产生自豪感的事情。所以我们在这里再次重申，“除了交易本身之外，我们必须创造一个理由”。当客户和消费者希望推动我们的故事向前发展，并且实际上他们自己也很想参与进来的时候，激情就被更进一步地点燃了。

这是有关第二个激情释放因子的一方面内容：构造一个具有远见的目标，确保整个企业以这个目标为中心，并作好实现它的准备。

但是由此也引出了几个关键性的问题。

- 我是否只能选择一个目标？
- 具有远见的目标是否来自战略上的考虑？还是先有愿景，而后才产生战略？
- 我们从哪里开始着手？我们如何保证这个具有远见的目标与企业定位和符合实际能力的未来构想保持一致？

幸运的是，这三个问题虽然在理论上比较复杂，但在现实操作中却很容易回答。虽然确实有些著名企业的杰出创始人会这样告诉你，“我们有一个愿景，但我们从来没有真正制定过战略”，坦率地讲，虽然这一说法是错的，但他们自己不认为是错的。

事实通常是，他们没有一份战略性计划，但这完全是另一回事。一份详尽的计划不等于一个战略，尽管战略策划部门和企业行政管理者可能不这么认为。

一个堪称胜任的合格的企业愿景是对战略洞察的表达。就像从迈克尔·波特到大前研一这样的管理学大师提醒我们的，战略的本质就是如何取得竞争优势。这意味着你一定要知道如何把我们向客户提供的产品和服务，从理性和感性的角度与其他企业区别开来。这种对市场产生重要影响的差异化，会赋予我们竞争优势，我们称之为具有战略意义。

在目前所有可能的战略和选择当中，我们如何才能找到正确的目标？我们需要寻找那个能够让企业激情、最高才能或竞争力以及充足的利润相互融合的交会点。有时我们通过深思熟虑能够找到答案，有时我们凭直觉就可以了解。但即使凭借直觉，也是建立在对这个交会点深刻理解的基础上的，那就是：企业的激情、潜在利润与核心竞争力必须一致。

沃伦·巴菲特可能从来没有说过，“我可以去制造烤面包机，也可以尝试投资。”我们也几乎可以肯定史蒂夫·乔布斯（Steve Jobs）从来没有想过，“要么成为一名律师，要么创造一种可以轰动全球的新型电脑设计。”这些各具特色的天才人物能够进入各自的特定领域，是因为他们受到了自己的激情和才能的引导，并且对自己如何能够成功、在什么领域成功具有足够敏锐的意识。

由于受到这种内在动力的驱使，巴菲特几乎始终不变地致力于投资领域，乔布斯则倾心于电脑和设计，并且围绕着这种激情创建了他们的企业。

但是在这些领域中，他们和他们的企业如何能够凸显自己并形成差异化？这取决于他们的战略选择。巴菲特和他的团队发展出了一套关于投资的新“观点”，即做长期投资，而非关注短期的热门股和热门领域。乔布斯则希望制造出让用户容易使用的电脑，苹果公司从这个基点出发，其影响逐渐延伸到人们的整个生活当中，而非仅仅与时尚和品位（例如，iPod 和 iPhone）相关。对于乔布斯和他的苹果团队来说，这无疑是与他们对自己的定位、他们如何对待生活以及他们对苹果的优势的深刻理解相符合的。

战略愿景与计划之间的差别

愿景来自战略上的洞悉和见解。战略上的洞悉则产生于以下三者的交会点：我们为何而激动和喜悦，我们的优势在哪里，以及我们如何在可获利的基础上满足现有的和正在出现的市场需求。

因此，作为领导团队，要努力实现你认为你们有能力达到的最高目标。接下来，要保证你完成这件事的方式与其他人有所区别（你与众不同的能力、洞察力和观点），并且清晰地知道如何来衡量是否成功，以及确保你所瞄准的市场能够为你带来你想要的回报。如果这些因素全部满足，你就有了一个战略愿景（但不是一份计划）。

一旦有了战略愿景，你需要把它引入更大范围的团队生活当中。明确地说，你需要帮助他人与这个战略愿景建立联系，为它添砖加瓦，使它更加完善，并且令它个性化。如果能够将员工的成就与战略愿景的实现联系到一起，你就拥有了一个具有远见的目标。

进一步，让你的客户也对此产生兴趣，希望与之产生关联，并且几乎是要亲自“参与”到你们的品牌建设中来，而非仅仅使用你的产品或服务。这时你已经掌握了能够真正释放激情的理由。

尽管有些时候，具有突破性的目标是如此领先于时代，一旦得以实现和体验，就能够起到刺激整个市场的作用，但是没有多少人在CNN以及一系列紧随其后成立的广播电台成为我们生活的一部分之前，会对 24 小时新闻广播频道产生兴趣。也没有人在电子产品开始大量进入市场之前，会为一个随身听激动不已，或者为盛田昭夫和索尼公司欢呼。这些市场需求都是通过具有远见和战略意义的洞察力，从实际生活需要中发现的。

如果你试图创造出一种潜在客户无法想象对其是否可能产生需求的产品或服务——例如随身听、动画鼠标指针，或者一个全新闻频道——那么存在于这个梦想背后的内在热情和兴奋度就必须更加强烈，就好像曼哈顿计划或者肯尼迪登月计划那样。例如 IBM 在经历了扭转生死危机的路易斯 • 郭士纳时期后，电子商务（通过技术实现将交易在战略计划层面和实际操作层面进行整合的一种程序）填补了公司业务上的空白，并使员工充满激情地持续全身心投入工作。

所以讲到这里，你应该清楚，不要将大量的时间浪费在说漂亮话上。这种语言上的描述会随着你致力于目标的实现而逐渐发展并变得更加清晰。当 Sensei 与一家主要从事金融服务业务的企业进行合作时，发现它的管理者竟然为愿景陈述中精确的段落缩进、分号的位置以及语言风格而苦恼。

Sensei 的协助者建议他们："请将 90% 的精力放在统一大家的想法上，这些想法似乎都十分清晰并且完全可以相互融合。10% 的精力，如果你们愿意的话，仍然可以为分号的事苦恼。但是请不要重复很多企业曾经经历的悲剧，那就是把两部分的百分比搞反了。当人们能够了解和感受到企业愿景时，即使它没有被陈述出来，也会得到响应。同样，当一份文字优美的愿景陈述，对实际操作以及利益分配没有任何影响时，也会受到人们的嘲笑。"

弗雷德 • 史密斯（Fred Smith）与他的 FedEx 团队在愿景未成文之前，就明确了"次日绝对送达"是他们的信条和承诺，也是他们对于资金、信誉和业务经营的保证。用实际行动做到这一点，就是他们最终的愿景和目标陈述。正因为如此，现在当我们提到与 FedEx 有关的信息时，它们确实是具有某种意义的。

一旦具有远见的目标使激情得到了最初的释放，我们如何才能保持它的势头呢？这里我们为你提供的方法是使用“必胜的战役”。

必胜的战役是由 3~5 个最重要的环节组成的。在这些关键环节上，我们必须努力竞争，超越困境，进行创新，并取得优异的成果。

我们既需要设想，也需要措辞描述，因为这样可以让我们清楚了解必须作出的取舍和选择。如果战略告诉我们如何赢以及如何区别于其他企业，那么一份战略计划应该告诉我们的，就是目前最需要做的最重要的事情是什么。通过筛选出必胜的战役，作出关键性的选择并承诺实现它们，我们就创造出了一条战略途径。

以下是我们曾经为某个客户建议的可供选择的必胜的战役。它们可以帮助客户推动愿景的实现，兑现他们所追求的利润回报，并增强他们的优势和提高竞争力。其中包括：

1. 赢得中国市场。了解中国的各种区域性市场，并在这些认识的基础上进行有效竞争。

2. 在印度推广企业的顶级品牌。完全地适应当地的市场，并在其中找到企业最合适的位置。

3. 以东欧为重点占领欧洲 25% 的市场份额。

4. 搭配选择来自全球各地的顶尖人才组建企业的领导团队。

其中最后一条（人们总是会由于一些奇怪的原因而选择“最后”一个）并不仅仅是顺便提到的有关团队组建的问题。因为客户确实感受到，由来自全球各地的人才组建而成的领导团队具有巨大的激情释放优势，同时当他们因此不再仅限于从欧洲雇用和提拔高层管理人员时，节省下来的外派津贴极大地降低了成本（大约每年可以节省 2 000 万美元）。

以上列出的 4 条建议，是在经过大量的商讨、咨询和质疑后，从 10 个原始选项中筛选出来的。另外 6 个选项之所以落选，各有不同的原因。有些是因为对整体的影响不够大（这不表明不需要做，而是应该通过更小规模且更专一的项目来实施），或由于过于“技术性”，而更适合归入某些职能领导者的关键绩效指标（KPI）中（例如，停止在亚洲的过量生产，或通过全球性广告采购节省 X% 的成本）；也可能仅仅因为它只是同一问题若干方面内容的混合，因而被精简合并到了以上列出的关键点中。一旦列出的 4 个选项获得一致通过，相关人员都被要求签字并承诺实现它。这不应该是一个命令，而应通过沟通、承诺和参与的过程来完成。当然最终它是具有强制性的。但是如果具有远见的目标和战略上的理论依据足够令人信服，那么签字和承诺并不是什么困难的事情。

事情总是在变化发展中

必胜的战役并不是永远延续的目标。它们通常会有 2~3 年的关注期。但是在这 24~36 个月的时间里，我们必须盯紧这个目标，除非发生能够改变我们选择初衷的巨大变动。

另一方面，我们制定的战略步骤，也就是我们的“计划”，必须是可修正的，并且对于各种变化和不断出现的突发事件反应敏感。换句话说，我们必须边工作边收集信息反馈，不断进行调整和纠正，按照相关的衡量指标评估必胜的战役，并且（这一点非常重要）按照发展进度检验具有远见的目标的实现情况。

那么什么是“相关指标”？它们真的那么重要吗？让我们先来回答第二个问题。当我们不知道自己为何而努力，或者当我们的努力与其他职能部门同事的工作之间彼此作用相互抵消或无效的时候，我们的工作状态会变成什么样？答案是不言而喻的。我们根本就不会充满激情。

这里有一个例子。Sensei 的一个重要客户想要知道保持目标一致的业务部门应该是怎样的状况。我们使用了企业管理中常用的一种证明方法，我们要求 CEO 将他认为的企业最重要的战略要点列出来。他这样做了。在另一个房间，我们要求各个业务部门的领导者列出 4 ～ 5 个他们认为最重要的提议和项目。

把这两边所有人的列表放到一起，我们要求首席运营官（COO）用红笔标记那些与战略相去甚远的项目；用黄笔标记那些比较符合战略的项目；用绿笔标记完全相符的项目。她照做了。让我们来看看结果。同我们以往所获得的经验一样，业务部门列出的项目几乎完全被黄色和红色覆盖。

人们开始发出轻轻的笑声。没有人因为这种心照不宣的事情而感到震惊。事实上，这没有出乎任何人的意料！

因此表演就这样继续下去。就像刚刚我们所描述的一样——老生常谈——它是一个皇帝的新装的集体版本。没有人敢于告诉任何一位当权者有任何事情做错了——即使他现在是裸体的。

为什么会发生这种事情？有两种可能性。一个解释是，企业战略可能过于泛化，没有特点或者已经过时，而业务部门的领导者们由于要承担本部门的盈亏责任，有时是出于令人称道的进取心和勇敢无畏，而作出了自己的选择。

另一个解释就是，战略并没有因为必胜战役的开始，而被转化为我们称之为“勇敢无畏的下一步”——迅速大胆地取胜，或凭借勇气来推翻一贯的惰性行动。还有一个解释就是，企业缺乏对战略进行多角度评估监测的管理（是否能够在财务、流程、客户满意度以及个人学习成长等诸多方面取得平衡），因而无论结果与战略相符还是偏离，我们都无法得知。换句话说，战略没有起到任何作用。

很遗憾，我们上面讨论的这个案例，并不是一个勇气十足的业务部门管理者对战略定位不良的企业实施拯救的行动。它非常普通，但非常具有代表性。它是一种计划与行动的脱节——（再一次地）是由于缺乏真正的沟通、信任、共鸣、亲密关系，或充满活力的学习和负责任的对话而造成的。

有句话是这样说的，我们能够得到的不是我们所期盼的，而是我们反复检验的。只有那些真正引起我们注意，并经过测量与评估的任务，才能够得以完成。

这说得不错。而且事实上，为了建立一些合适的指标对正确的目标进行评估，避免掉入“行动陷阱”，严格要求是必需的。

大多数人在接到任务的时候，都会有“冲锋”的偏好。无论这是否是真正需要完成的，他们总是立刻投入其中。作为咨询顾问，Sensei 通常会使用根据以往经验创造的“游戏”来模拟现实世界中的挑战和各种状况。每当我们要求一些人完成开发工作或寻找解决方案，或者基于多方面的考虑来控制和管理流程的时候，如果所需要的材料都是现成的，他们甚至不等我们解释完所有的相关因素，就迫不及待地投入到工作当中。他们实际上做的只是“任务处理”，而远远不是“策略拟定”。

通常在浪费了大量的时间和资源后，他们才会意识到，在开始着手之前就应该先对如何取得成功（例如，正确的目标是什么）作出一些明确的判断，但为时已晚。

这种做法没有任何价值，因为它的本质就是，虽然我们带着良好的意图，却逐渐制造出一个困境，并因此消磨了彼此的激情。从战后伊拉克计划到为大型活动争取赞助商，我们一次又一次地看到人们不愿意去考虑负面因素、评估风险，也不去思考如何使投资收益率（ROI）最大化。我们甚至同样看到他们不情愿为最关键的行动确定优先顺序，而这些行动都是经过重要的可交付成果评估，并且是以对成功的影响力和最重要的指数为依据来确定的。

所以我们看到的只是大量白白付出的努力和成本，人们精疲力竭，并因为受到批评和指责而产生愤怒，而这些都是因为资源被大量浪费却没有得到足够的回报造成的。之后我们所面临的就是激情的磨灭和战略上的自取灭亡。

因而你需要思考一下，如何才能识别出企业是否拥有合理和具有远见的目标，或是正朝着目标的实现迈进。挑选其中与成功最具相关性的标准，并且通过充分的讨论来确保它们不仅是最相关的，而且是明显合理而有意义的。

上述最后一个要求并不像听起来那样奇怪。例如 Sensei 的一个重要客户是一家家庭与个人护理产品企业。多年来它的发展都是以市场增长为依据的。只要销售额增长，管理团队就认为企业表现良好。

但事实却是，相对于竞争对手来说，他们正在失去自己的市场份额。当市场总量增长了 35%，或竞争对手的销售额增长了 30% 或更多的时候，他们自己的销售额增长了 20% 并不是什么好消息。相对来说，虽然销售额在增长，但企业在市场上的表现实际上是在倒退。

当然我们需要挑选的不仅仅是财务上的指标。为了保持业绩平衡发展，我们必须使用全面评估和考核方法，以反映企业各个方面的竞争健康状况。财务上的指标是具有时滞性的，它们只能告诉你曾经做得怎么样。我们同样需要一些“领先指标”来为我们下一步该怎样做指明方向，包括关键交付流程的质量基准、创新流畅度、顾客关系、顾客满意度、团队满意度、竞争力培养标准以及其他具有未来创造作用的指标。

一旦你确定了具有远见的目标和用于评估的宏观指标，以及必胜的战役和用于评估的微观指标，那么在每个季度都迈出“勇敢无畏的下一步”，会引领我们在必胜的战役中取得里程碑式令人印象深刻的胜利。

之后你仍需要反复地与他人沟通以上内容。将这些指标与员工的晋升机会、奖金、酬劳和获得的认可联系到一起，确保每个人都已理解了这些内容并将其相关性深深地刻在了大脑里。

衡量标准有时也会产生一些不好的后果。奥马尔曾经有过这样一个咨询案例，他对一位高层营销人员进行指导，试图帮助他真正地为自己所取得的一切成就感到自豪，并因此能够重新考虑因为薪酬过低而准备放弃这份工作的决定。这位高层营销人员总是比和他同级的同事的薪酬低很多，尽管他从国内市场主管被提升为区域市场主管，并且最终成为了这家著名企业的全球品牌主管。为什么会出现这种情况？

因为这家企业对于外派员工的薪酬政策是，以员工在其母国同等级别的基本工资为基础，加上在派遣地适当的当地生活成本津贴。

这位营销人员来自马来西亚，他的基本薪酬加上现在居住地的生活成本津贴后，比来自瑞典的一位同事低了几乎 50%。这无疑是对激情的巨大打击和削弱，因为他的瑞典同事以所有的客观指标来衡量都只是一个业绩非常普通的人，而且几乎没有什么积极主动的贡献，但是薪酬却比他高了很多。

所以这位马来西亚员工的愤怒并不令人惊讶。他是这个公司的超级明星。当他还是国内市场主管时，曾经使业务实现了30%以上的增长，并且从他们最强硬的国际竞争对手手中抢到了一定的市场份额。现在他正致力于推出一个全新产品，这个产品预计将会使企业在全球市场上的利润状况发生巨大的改变。

尽管如此，作为马来西亚人，他仍然只能拿到那固定数额的薪酬，因为系统已经这样设定了。

他的愤怒很容易理解。并且这促使他的老板对HR系统提出了质疑，希望能够为他争取到一份公平的薪酬。这样做不是为了在HR部门取得胜利，而是为了保留那些能够赢得市场的活力与奉献精神。

这是一个企业价值观被标准完全侵蚀的例子。公司强调精英的价值，但是精英中的一员却没有得到他应享受的待遇。企业中的各种标准应该与企业最关键的目标相一致，与企业所宣传的价值观相一致，否则从企业本身到企业中的每一个员工，都会因此而受到伤害。

多年来，3M公司从一个重要的途径理解了这一点。它要求企业一定比例的年收益，必须来自最近五年的创新产品创造的收益。这个标准强调了3M作出的成为世界上最具创新精神的企业的承诺。BP建立了一个被称为“同舟共济”的正规流程，规定因项目原因必须进行合作的不同部门，对其进行考核时要依据项目组的整体表现，并将最优方法的分享制度化，成功者有责任对其他人提供支持。这种做法与企业宣传的合作创造价值的观点是一致的。

变革管理思想领袖约翰•科特（John Kotter）说：“对领导能力最大的挑战就是将领导能力制度化。”确实如此。此外，我们如何进行评估与衡量，以及我们能够据此给出什么样的回报，是完成领导能力制度化的基础。

就像前面我们说过的，企业的各种衡量标准能够表现出企业的价值观，但前提是我们的实际行动与这些价值观相符合。Sensei的一个重要客户，一家国际物流企业，在“9·11”事件之后经历了毁灭性的一年。它们冻结了所有的加薪和奖金计划。这对于那些超额完成目标，以及实现了创纪录业绩增长的部门来说，无疑是无奈与痛苦的。在信息分享中我们得知，员工们质问了公司的领导者，为何即使在公司业绩表现最好的三年里，高层领导者们也没有与下面那些被要求努力贡献的员工们分享任何利益？但他们得到的回答只有一个显示着优越感的微笑。

极端缺乏透明度和亲密关系，以及使用变化无常的衡量标准，让员工们得出了“真正的”目标是随着企业高层领导者（HQ）的喜好而改变的结论。当他们确信是这样的时候，又如何能够把激情带到工作中呢？

我们需要做的又是什么？

每个人都必须清楚对企业来说真正有价值的是什么。同样必须了解这些有价值的东西会被评估和衡量，并由此得到相应的报酬。一旦观点达成一致，我们每个人就必须致力于确保企业能够迈向成功和勇敢无畏的下一步，以及一些——不会是很多——能够满足短期需求的计划。还有一件事我们必须坚持去做，那就是对所有已取得的进展给予赞赏，对那些行动与企业目标和价值观相符的人给予奖励。

当战略非常清晰时，价值观就应该直接与战略的实现相联系。这里不是指道德意义上的价值观，而是如上述所指的行动中体现出的价值观。换句话说，就是对企业整体的成功有所贡献的一贯的行为。

我们可以很容易地规定道德上的准则，比如诚实和正直。但这里我们谈论的是**“行为上的与众不同”，它可以为领导者提供**

竞争上的优势。

通用电气有一套简单却精彩的标准：能量（个人的）、激励（影响其他人）、锐利（业务处理能力）以及执行力（始终如一地保证交付成果）。那些行动与价值观相符合并取得了成果的员工，按照杰克·韦尔奇的说法，“在精神上和物质上都会得到极大的收获”。

IBM 创造了一套可以用来衡量和评估领导者年度业绩表现的价值观，郭士纳将其浓缩为以下三点：

胜利。致力于在“战场上”创造价值，尽一切努力为客户提供服务，并且牢记“敌人”就是竞争者，而不是你的同事。

执行。强调速度和纪律，不再执著于完美主义，而是追求快速实施有效行动。

团队合作。IBM 是一个团队，真诚并坦率。

与 Sensei 合作过的一家杰出的通信企业这样表述它们行动中所体现的价值观：

- 快速、果断的行动。
- 引导创新的创造性挑战。
- 团结一致。
- 完全为客户的成功作出奉献。

具有清晰的行动价值观，对于招聘、业绩评估、识别学习与成长的机会等等都是必要的。

为什么以上内容非常重要

这一章透露给我们的信息非常明显：构想，确定优先顺序，评估和追踪那些正确的并且最具相关性的事情。将优先需要考虑的事转化为大胆、明确、合理的前进步伐，并采取行动帮助领导者培养和提高他们的领导能力，从而实现我们共同选择的愿景。

如何评估成功与否？我们可以用5个问题，对你的行动是否与具有远见的目标相一致，以及是否拥有正确的目标进行检验：

1. 这个目标是否清晰，并且让每个人信服？

2. 员工们是否知道如何促成目标的实现？

3. 他们相信这个目标能够实现吗？

4. 他们是否相信自己在企业中的成长是以实现这个目标为基础的？

5. 作为实现目标的团队中的一分子，他们是否感到自豪？

对于这5个问题的肯定回答，是我们通向跳动和流淌在整个企业中的激情与奉献精神的开门咒语。请充分利用它们。

第6章 激情释放因子之三：根本性对话

有了对适当的亲密关系的评估标准，以及令人兴奋的、具有转换性的正确的目标，我们现在需要做的就是相互督促，以推动企业目标的实现。我们提到“企业目标”，是因为这本书在很大程度上，就是为了向你说明如何使用我们推荐的各种工具和方法来实现它，当然这同时会为我们的个人生活增添无限的价值。但是不管怎样，我们只要按照这些方法相互合作与激励，就能够发现对我们称为“根本性对话”的真正需求。

什么是根本性对话？为什么它是必需的？

“根本性对话”可以深入到一个或更多问题、机遇或挑战的根源当中。当我们能够完全地展现自己并致力于至少完成合作、承诺以及突破（理想情况下）三件事的时候，我们就可以说自己正在进行这种“根本性对话”。

一旦目标清晰，建立良好关系的基础也得到积极主动的加强的时候，企业便可以以对话的质量、开放程度、深度、想象力以及勇气为基础，取得一些进展。

我们可以证明在全球范围内存在大量类似的案例，如果两家竞争企业拥有同样强大的战略以及富有才能的员工，那么能够习惯性和始终如一地实现根本性对话的那家企业将在竞争中取胜。

让我们来举一个例子。Sensei 曾经接到来自全球最优秀的一家食品和饮料企业的电话。他们的 HR 主管显然非常慌乱。

“我们有很强大的战略，但是不知道为什么，我们无法有效地推动和实行这个战略，它没有起到任何作用。”

于是我们一致同意与这家企业的高层领导团队一起，用三天的时间来探讨和解决这个问题。当然如果我们能够身心一致地投入，就可以找到导致这种无效发生的根本原因，并将战略转化为果断的行动。

当奥马尔早上到达这家企业的会议室时，发现 HR 团队正处在一团混乱中，并且有人正在严厉责备 Sensei 公司的一名项目助理人员。

“发生了什么事？”奥马尔问道。

HR 总监气急败坏地说：“你的团队成员告诉我们必须让九个领导者随机分为三人一组坐到圆桌旁。”

奥马尔带着困惑继续问道：“是的，那是我们常用的一种模式。有什么问题吗？”

HR 总监的脸涨得通红，“市场总监和销售总监不可能坐在同一张桌子旁。而且我猜你们会要求他们围绕桌子移动位置，使每两个人之间都发生互动。但在那两个人之间这是不可能做到的。**他们相互憎恨！**”

奥马尔此刻感到哭笑不得。

此时正好 CEO 走了进来，奥马尔马上抓住他来解决这边的混乱。CEO 看起来很尴尬。

奥马尔充分地表达了他的惊讶：“你们要求我们举办讨论会，找到战略不能得到有效实施的原因。但是现在你们告诉我九个领导者中有两个人相互憎恨，以至于不能坐在同一张桌子旁边，并且这两个人居然是市场总监和销售总监？”

这是一家拥有亿万资产，在全球500强中居于第60位的企业，现在因为两个关键领导者关系不合，以及由此产生的许多必要的沟通未能进行而停滞不前。而且必要沟通的不足不仅仅发生在这两个人之间，Sensei的团队确信，由于关系过于紧张，这两个人所领导的团队成员之间同样存在这种状况。

奥马尔告诉CEO，很明显这个一直令大家感到困惑的难题已经被解决了——企业要么帮助他们提高情感成熟度，以保证至少能够相互沟通；要么选择放弃，但是完全可以预见到由此将导致的失败。CEO坚决果断地选择了前者。于是人们被分配到几张桌子旁后，会议就开始了。

令人满意的是，在为期三天的会议结束的时候，气氛有了非常明显的改善。在最后一轮的某个练习中，我们要求团队成员们分享他们的反馈信息。销售总监盯着市场总监看了一会儿，长出了一口气说：“你……就是对我的一个挑战。但我们确实应该相互学习。”这是第一次两人以相互赞赏而非相互指责的态度进行对话。

发生了什么事？在过去的三天中，他们接受挑战，也得到鼓舞和启迪，并且逐渐共同学会了这种大家期待已久的根本性对话。

我们在前面已经谈到，实际上每一家企业的问题所在，都可以追溯到关系中出现的障碍和机能失调上。我们现在已经更加明确地了解了这究竟是如何发生的。

企业陷入停滞僵局的原因，是由于我们没有进行或只是过于表面化地进行根本性对话。

让我们用一些令人担忧的统计数据来证明这一点。这是来自

Harris Poll 调查的一些关于员工对企业产生疏离感和冷漠感，甚至有打算离开现有企业的意愿的数据：

- 1/3 的员工表示当前的工作令他们感到棘手或找不到出路。
- 42% 的员工表示他们感到精疲力竭。
- 只有 37% 的员工认为高层管理者具备诚恳的态度和完善的道德价值观。
- 只有 29% 的员工表示他们的上司致力于帮助他们提高工作技能。
- 只有不到 50% 的员工关心与自己所在企业相关的信息。

难道所有的企业都在故意为难那些受自己委托努力取得经营成果的员工吗？或者关键领导者加剧了由于缺乏关系建设和必要的沟通而导致的内部分裂？

一个反面案例

Sensei 的一个主要客户，一家出色的全球个人与家庭护理产品企业，同其他一些优秀企业一样也进行年度员工调查。这些“来自人民的声音”可以就企业如何变得更加强大、公正、拥有令人鼓舞的企业文化和领导团队提供必要的信息。

但是在过去几年里，员工调查的结果相当糟糕。其中反复受到指责和质疑的一个焦点就是“领导者的素质”。但是每一位高层领导者都断定，需要接受领导能力培训的是其他人。显然这样的回答并不能够解释他们如何作决策，为何缺乏以业绩为依据的酬劳计算方法，为何用于培训和自我发展的时间不足，以及烦琐的层级报告制度和他们强加于企业由于中央集权而导致的官僚作风。

更重要的是，高层领导者并不是一个真正的团队。他们之间的交流带有明显的政治色彩，他们中的大多数只是CEO的附属。他们在工作中钩心斗角，暗中破坏和猜忌他人，抵触和冲突成了主要的沟通方式。

员工们常常听到类似“X总监反对Y总监的提议”或者“这会让哈里斯尴尬，但斯蒂芬总是会帮他……”这样的话。

而当由此开设的一些只是教授老套的领导力常识的课程开始的时候，人们被激怒了。因为这些课程与实际问题毫无关联，只是对那个调查结果的一个明显、故意和愚钝的误解。一位高层财务领导者对奥马尔说：“这是对我智力的侮辱。”确实如此，但实际上，也许更多的是对他们伪装出的轻信和天真的侮辱。

这种持续的令人沮丧的员工调查结果本应在企业中激发出普遍的根本性对话。人们应该采取与调查结果直接相关的明显的，充满激情和强有力的行动。

这家企业在未来一年即将迎来一个更差的员工调查结果，这将导致它在市场上不再能吸引到顶尖的人才，而猎头们则会收到大量来自这家企业最有才华的员工们的简历。企业价值观会遭到真正的破坏，因为这里没有发生根本性对话。

难道情况总是这样令人沮丧吗？不是的！我们同样知道很多通过有效的集体根本性对话使企业经营状况得到成功扭转的例子。

鲍勃的故事

现在让我们来看这样一个例子。鲍勃是从美国总公司派往中东地区的负责人，这是一家以创新精神著称的大型企业。

鲍勃的团队由一个美国人，一个巴基斯坦人，两个黎巴嫩人，一个希腊人，一个沙特阿拉伯人，一个新加坡人和一个英国人组成。这是一个真正的文化大杂烩。此前的管理团队全部由来自同一文化背景的人组成，他们就像黑手党团伙那样雇用和解雇成员，而且如果违背了既定规则，就要被驱逐出组织。

鲍勃从未在美国之外的地方工作过，选择他来这里看起来有些奇怪。但这恰恰是高层领导团队将他送到这里来的原因。考虑到这里的领导团队已经存在多样性，鲍勃的责任就是把母公司的价值观带到这个地方。可以说他们希望他能够一鼓作气，对公司进行整顿，并在当地市场实现利润状况的扭转。

鲍勃起初做了很多他认为正确的事情，但却没有收到很好的效果，并且他感觉到自己和团队之间的距离在逐渐扩大。因此在来到这里 6 个月后，他请求 Sensei 公司帮助他更好地与他的团队合作。Sensei 的团队采取了与鲍勃团队成员一对一面谈的方式。他们中的很多人感觉鲍勃戴着美国文化的有色眼镜，具有像顽皮的男孩子一样的热情，以及在互动交流中感觉迟钝。

现在对于 Sensei 团队来说，如何将这一结果传达给鲍勃是一项巨大的挑战。因为他们不想让他过于震惊，或者对自己所做的每一件事产生怀疑，或者采取进一步激怒和疏远周围人的方式来报复他们。

接下来发生的就是一个十分有趣，从准备、上演到将根本性对话坚持到底的演示样本。

第一步是制造一个具有煽动性的背景、时机或者发展框架。奥马尔对鲍勃这样说："你的热情令人耳目一新（确实如此），人们受到了你诚挚热情的感染（大体上是这样的），你对于获胜充满激情，这对于以往的所有管理方式来说都是一个全新的改变（这是非常真实的描述）。"

“但是有时候我们意识不到自己对他人造成了怎样的影响。你是否认为应该保持自己的优势，但是不应带有攻击、排斥，或者威胁其他同事的态度呢？”

强有力的对话

这段话激起了鲍勃的好奇心。他说：“当然我同意。但是我并不是故意去做那些事情的。难道他们说我是故意的吗？”

“你所做的事情产生了一些你自己不曾预料到的影响，”奥马尔回答，“我的问题是，你是否能够在与他人进行沟通时改变自己的一些行为方式？这样他们就不会工作得如此辛苦。”

请注意，这里并没有指责的意思，而仅仅是将影响陈述出来。

鲍勃同意了——虽然不经意间给他人造成了困扰，并因此使自己的工作进展变得艰难，但鲍勃毕竟还是希望能够有一些成果的。

当我们制造出具有煽动性的或者能够激发出他人兴趣的背景时，我们就可以控制随后发生的所有对话。如果某些人存在潜在的情绪化，或者只从个人角度出发考虑问题，我们会重新回到初始背景之下进行讨论。

因此就像我们所解释的，根本性对话需要以意见达成一致为背景，为了它我们可以作出一些让步，并采取积极的行动方式。

这种对话是一种高明的艺术，其关键技巧在于构造强有力的问题或陈述方式。在我们与一个全球性财务团队合作时，我们向他们提出问题：“为什么你们不能全部采取外包的方式以控制成本呢？”他们显得非常吃惊，回答说：“我们对公司非常了解并关心它的价值，如果全部采用外包，那么公司得到的只是一些财务方面的技术专家，而非可以共同进行策划的伙伴。”

我们继续问，这是否是他们真正的价值所在，他们实际用在共同策划、团队合作以及价值传达上的时间有多少。

所有人都沉默了，之后他们的负责人慢慢地回答，“实际上，确实不太多。”

因此，虽然他们给出的原因是，这支团队是企业的一个重要组成部分，他们作出的贡献对企业是有增值作用的。但是随后他们承认，大多数时间都被用在了解决技术层面的问题上，而这样的工作是完全可以外包的。就像设想的那样，我们开始了一次深入的根本性对话。

这个团队在之后的几年里取得了实质性的进展，并且为更有意义、富有挑战性和面向未来的发展作好了准备。

此时我们再次向他们询问：“作为财务团队，你们如何引导企业实现盈利性增长呢（这是他们衡量经营成功与否的关键性指标）？”

他们不再为自己的团队为何存在而辩解，而是向我们解释了他们在引导企业发展的过程中如何起到了重要的作用。一轮新的根本性对话开始了——借助这次对话，将产生更多新的可能。这支团队的故事如今仍在继续，他们正作为真正的合作伙伴为业务部门积极地出谋划策，并且开始真正**创造价值**，而非仅仅起到保护企业资产的作用。

一旦具备了强有力的背景，接下来的根本性对话就会成为实现你所预期目标的里程碑。

奥马尔对鲍勃说：“你必须将自己已经取得的成果保持下去。如果你能够做到这一点，它将帮助你在必须要做的工作与如何让这支多样化、目前成员仍不确定的团队伴随你共同前进这两点之间取得一个平衡，你将不仅能扭转业务局面，还将为这里留下非常有意义的管理方式。”

当奥马尔与鲍勃对上述重要性进行了讨论之后，如何让所有人充满活力，并且敢于面对和改变以往的一些行为和沟通方式，就变得不那么令人生畏了。你所要做的就是亲自将企业所处的不利状况陈述清楚，用必要的成熟和智慧来引导根本性对话的进行。

前面我们提到的市场总监与销售总监的案例中，在最初令人感到有些棘手的为期三天的会议上，高层管理团队明确表示他们的企业愿景就是成为全球最好的食品与饮料企业。他们意识到，所有的希望、梦想、承诺、公司的信誉和自己的职业生涯，都因为两个或更多高层人员之间孩子气般的不合而受到阻碍。

一旦他们清晰地认识到自己所面临的状况的严重性，并且除了面对它没有第二种选择的时候，没有人会希望持续破坏自己的梦想。

我们应该做什么

在拥有了强有力的背景，并对利害关系进行了强调的前提下，根本性对话的进行需要遵循几个必要的指导原则。

首先，我们要明确，相互之间的信任是以能够创造性地前进为基础的——它不是妥协，而是一种全新的构想。这需要每一个人都致力于描绘新的蓝图。

在我们的教育系统和培养过程中，人们总是被告知对智力的检验就是看能否在辩论中获胜，以及从他人的观点和立场中找到错误所在。但这其实只是一种任性的自我满足，它只会让我们变得更加顽固，并且最终走入死胡同，而不能取得任何实质性的进展。**创造力就是要寻找一个方法，使我们不去加强自己的防线。**因此在根本性对话中，我们渴望创造力能够与勇气和对现实的承诺一起产生影响。

于是鲍勃开始考虑如何在他的团队成员中创造一些突破，也就是要求他们找到一种更好的工作方式。他们现在需要寻找一种互动的节奏，以此来代替之前适应与迁就鲍勃的工作方式。

鲍勃以一对一的方式询问了每一位成员的工作状况，并告诉他们自己从其他成员们那里收集的整体建议，而非其中某一人告诉他的具体细节（因为这是应该保密的）。他接受并感谢每个人给他做的解释和说明，同时也询问对方是否乐意听听他的想法——不去评价对错，只是了解鲍勃究竟是怎么想的。之后他们商定了今后如何一起工作的方法，沟通的桥梁就这样建立起来了。

在接下来的团队会议中，继续以上述方式进行集体讨论。鲍勃与大家分享了来自总部的信息，以及他们现在必须要做的是什么，如何表现出信心和决心以及执行力，以此来重新获得总部对他们的信任。

他明确地表示现实不容乐观，并表明了自己希望能够将企业从困境中扭转过来，使它拥有更好的未来发展前景的决心。

他感谢大家让他了解了自己给他人留下的印象。他们决定一起创造新的工作方式，一种不同于过去的小团体管理方式，也不同于在中东地区不被接受的过度夸张的新方式。

根本性对话不代表放弃自我。相反，它**决定着你是谁**，并且在这一点上绝不妥协。因此鲍勃保留了他的活力、幽默、积极性和想要获胜的激情，甚至还有他喜欢交际的活泼。但是他对待他人的方式变得温和了（至少持续了一段时间，直到整个工作氛围都得到了一些改变），对周围的人更加信任，并且与他们共同商讨问题，让他们真正参与进来，而不只是宣布命令或分配任务。逐渐地，他的团队发展成为一支共同主导的、在企业成长过程中真正能够与他并肩作战的队伍。

三年之后，当鲍勃离开那里时，之前杂乱无章的业务运营实现了两位数的增长，这家分公司成为整个企业在领导力发展、客户服务和销售运营方面的楷模。

如同我们在有关惠普和世界咖啡馆的方法中所讨论过的那样，一次对话可以创造一个突破，但是这需要关系的持续以维持这个突破。鲍勃和他的团队继续着他们的对话、交谈、相互质疑，以及越来越多的相互肯定。随着这样的沟通持续进行，关系也逐渐被建立起来。

在这里，我们向你介绍四个在沟通时常常发挥作用的心理和情绪模式。前两个对于根本性对话来说是破坏性的，后两个则起着积极的作用。

第一个模式就是否认。由于害怕必须去分享、面对或暴露什么，我们会否认存在问题或难点。如果不能否认问题的存在，比如在食品饮料企业的案例中，我们就会否认问题和自己有任何关系。然后把问题归咎于其他人或某种情况（例如，市场状况）。

摆脱否认困境的唯一方法，就是让尽可能多的利益相关者向我们自己以及其他掌握相关数据、反馈信息、看法、成果和影响的员工以及团队不停地提出质疑。这将迫使我们从习惯性的回避当中清醒过来。

就实际操作来讲，如果你正在参与一次根本性对话，可以从与别人分享有关自己存在否认状况的信息反馈开始。你可以询问对方在这方面是否对自己还有其他的看法。在收集了一些意见之后，你不太可能情绪化地因为自己所听到的内容而感到烦恼和气馁。它更有可能是对自己的一个再确认。

接下来，很自然地，对方可能会说，“其实我也否认了很多问题。”如果对话进行顺利，对方对你所收集的反馈也表示赞同，那么以此为基础，你将可以得到关于对方的一些信息。或者你也可以说：“你是否介意听听我对你的一些看法呢？”

在给出了对你的一些看法之后，对方很难不将你现在要说的话听完。

而当你开始说的时候，要像奥马尔对鲍勃那样：从“看法”、“印象”以及“影响”的角度出发，而不要使用对对方下结论的语句（比如“你太爱出风头了”，或者“你没有能力与别人对抗”）。

第二个模式是防御。当受到他人的指责时，我们通常倾向于给出进攻性的回答。我们会作出反击。

虽然与否认具有相似的特性，防御却更具进攻性，它是一种侵略性的否认。它会制造出令人不舒服的紧张气氛，可能会使对方退缩、改变态度，或者避开你的敏感话题。

团队成员和领导者不得不应付他们的防御性。而最好的方法就是分享这种行为带来的影响。你可以这样说：“约翰，你说你没有防御的意思，但你确实这样做了。你通常都会用更大的声音去压过别人。别人因此而退缩了，并且对你下了错误的结论。”

如果约翰的反应足够敏捷，他会问：“那个人是谁？”这时你需要直率、温和并清晰地告诉他“是你的团队，也包括我”。

还有另外一种可以用来对付此种情况的方法。苏说：“不是我不够主动，而是你的管理过于苛刻，并且给我的压力太大了。”每当高层领导者质疑她的时候，她都会这样回答。因此，同样地，我们可以从影响而非意图的角度与她继续交谈。

“苏，如果你确信是我的管理过于苛刻，那么我们应该可以平心静气地讨论一下我的管理方式。但是如果你感到心烦意乱，这会让人觉得你不喜欢被人质疑。这样的话，我们就很难听到你的真实想法了。”

同样，如果能够先将别人对自己的防御性看法分享给对方，并邀请对方也提出对自己的看法，然后再进行对话，效果会更好。接着你可以说：“我理解这不是一件容易的事，对我来说有时也是一样的。你愿意听听我的意见吗？”

与前面的例子相同，带着对对方的尊重和建立良好关系的承诺，你很有可能被邀请继续说下去，而不是被要求停止。

如果我们能够超越防御性，就可以进入下一个模式：好奇心。好奇心是通向开放性与创造力的第一步；它促使我们主动去改造现状。一旦我们能够将对话内容转到共同期望的未来构想上（在下一章，我们将充分讨论这部分内容），好奇心就会自然而然地产生。我们现在想要清晰地表达出这种构想，并探索如何将它实现。

带着专注的、建设性并具有明确目标的疑问，我们进入了一个新的阶段。

我们可以将当前的阻碍当做激发想象力和创新的火种。当一家医疗服务企业的共享服务部门面临被外包的威胁时，该部门与内部客户建立了新型服务合作关系，并且将自己的部门重新设想成为一家“专业服务公司”（汤姆•彼得斯对此提出了精彩而深刻的见解），其面对的唯一委托人就是这家医疗服务企业。

他们决定打造一个品牌，创造一种独特的方法，开发智力资本，致力于内部客户的成功，以便深刻了解客户所面临的问题，并依据这些问题创造新的流程和解决方案。非常关键的一点是，他们利用了情感共鸣的方法，使自己变成了真正值得信赖的顾问，而不仅仅是具备专业知识的专家。

他们在企业内部的感染力和吸引力很快凸显出来，外包在成本上的优势已经不能与他们为其他业务部门提供的支持所体现出的卓越价值相抗衡。

当根本性对话从好奇心发展到全新的设计和构想时，能够保持这个强劲势头的一个方法，就是激发人们对于这种变化所具有的责任心，即对跟踪这种积极变化的后续进程达成一致，并对自己将如何行动作出承诺。之后你可以邀请其他人同样担起责任，并就他们应该如何去做作出一些约定。

每个月或在每一个关键的“真实瞬间”发生时进行沟通，并询问：“我做得怎么样？你有进一步的建议吗？”一次好的根本性对话可以成为对我们每个人的一种指导。

积极地跟踪这些承诺的完成情况，保证对话的继续以及计划如期进行。当然这同样需要带着好奇心去完成。“我做得怎么样？”是一种真正带有好奇心的表达，因为你想要知道的是他人对你的理解和印象。接下来事情会向着更好的趋势发展，行动也更容易得以实施。

在根本性对话的过程中，有一点需要提醒你，那就是不要尝试过分夸张的表达，或将对话当做一种手段或技巧加以利用。我们需要的是能够创造出更好的未来发展前景，并展现出有着更多可能性的陈述。下一章的激情释放因子正是关于这部分内容的。

使用这个激情释放因子

将你在工作中甚至家庭生活中遇到的两三个困境列出来。每一个困境背后潜藏的都是你必须进行的一次根本性对话。选出根本性对话可能对其最具有影响力和转换作用的困境。如果能够在这些困境中取得成功，将对我们在商业经营中遇到的某些关键问题产生重大影响。有时这种影响是直接的，例如在某一个具体问题比如商品的面市时间得到解决和推进的时候。也有些时候，当某些关键人物——例如食品企业的销售总监与市场总监——能够将他们的能量和活力与工作安排统一起来，并且不止在一个地方，而是在日后需要合作的方方面面都统一起来时，我们将获得间接的价值。

当你明确知道应该进行根本性对话时，问问你自己可以向谁咨询，以及如何为这次根本性对话创造有利的背景和机会。

如果你与对方关系有些疏远，可以让一位老板或可以信赖的同事参与进来。或者你可以向对方发出邀请，说明你们将一起讨论他交付的某项工作成果，并表现出希望与他共同探讨更好的解决方法的热情。通常这样的邀请是不会被拒绝的。如果被拒绝了，那么说明你确实需要别人的帮助。因为你不能够在一个其他成员拒绝与你沟通的团队中工作。

接着你需要按照下列指导实施行动：创造一个热烈的和开放轻松的背景，陈述利害关系，并询问对方对你的一些看法（保持“好奇心”，即使你可能不赞同，也不要采取防御的态度，向他们提问以了解他们的观点）。同样也与对方分享团队中其他人对你的影响，质疑新的提议和可能性，讨论新的模式、构想和行为方式，主动承担责任，并要求对方也相应地作出一些承诺。对如何追踪共同的进展达成一致意见。督促对方做得更好，而不仅仅是“做对”（进步的取得通常需要得到热情的支持与认可），并使每个人带着真诚的好奇心定期分享自己所取得的进展。

通过这样的对话，激情将得到释放，因为一再困扰我们的问题被解决了。它同样为改造僵化的关系创造了新的途径，帮助我们走出困境，以共同的责任面对更为广阔和令人激动的前景。

我们下面将要学习的是，确保我们能够通过根本性对话创造未来，而不仅仅是指责过去或抱怨当前的状况。我们现在就进入这部分内容。

第7章 激情释放因子之四：保卫可能性

在转向全新构想的新阶段时，根本性对话需要我们保持好奇心。我们需要面对现实，但同时也要保卫可能性，因为可能性的存在为我们提供了通向更为广阔和令人兴奋的前景的机会。当我们面对挑战或拥抱机会时，都需要保卫可能性，这就是下一个激情释放因子的内容。

但是如上所述，保卫可能性的第一步是与现实保持融洽的关系。这种关系并非一定是永久的，但至少需要维持一种能够允许我们创造性地寻找前进方向的平和环境。

如何去做其实是相当简单的。我们需要诚实地面对现实，面对我们**有关现实的感觉**。如果我们对这些感觉产生抵触心理，那么能够激励和引导我们前进的潜在激情就会被压抑下去。

让我们举一个有关教育的案例来说明它在实践中是如何表现的。一位父亲因为听到了自己 17 岁女儿提出的某个问题，而开始担心她在性行为方面有问题。

依照通常的做法，父母会将自己的一些基本的担忧告诉孩子，确保孩子知道其行为将导致什么样的结果，让孩子作出清醒的选择，从而采取安全性行为。但是实际上，这位父亲对自己女儿的性行为怀有非常复杂的情绪，正如大多数父母通常表现的那样。他的情感中混杂着悲伤，担忧，一些保守思想，道德上的不快，以及确保她不会受到伤害的渴望。

如果这位父亲否认自己的这些复杂情绪，他会和女儿谈一些表面上的事情：关于“安全”和“责任”。女儿会对父亲仅仅与自己谈论这些感到疑惑；她不理解父亲为何如此专横，喜欢支配别人，且脾气如此暴躁。这种不协调将表现得十分明显——父亲所谈论的内容与他表现出来的明显的不安与混乱是不一致的。

当这位父亲否认除此之外还有其他考虑时，女儿会敏感地察觉到，她不能将自己所感受到的、所希望的或体验到的全部告诉父亲。此时他们之间缺乏真正的交流、关系的培养和充满激情的对话，他们只是在各说各话，而非相互沟通。他们迟早会停止继续沟通此类事情。

分享情绪的力量

当情绪受到压抑的时候，我们无法有效地谈话。所以通常当争议产生或直接发生争论时，其真实原因都是由于潜在情绪的存在造成的。当情绪不能被直面时，这种对话——像我们之前提到过的——只是无意义的闹剧。然而当我们能够真正承认自己的情绪，而不再用品德高尚或它是必然发生的等借口来掩盖时，我们就可以带着谦虚和开放的态度与人沟通了。

这种情况在企业中经常出现。一位管理人员对其直属上级专横傲慢的管理方式（在他看来）感到非常愤怒。实际上，他的真实情绪可能是渴望表现自己有多优秀，对强势而表现突出的领导者感到愤怒，除此之外还有一些因为怀疑自己是否具备领导能力而带来的不安全感。如果他能够分享自己的这些情绪，他就可以和上级进行富有成效的对话，明确他需要怎样的指导和沟通，并帮助他合理地看待老板分配给自己的任务。

如果否认这些情绪，并且单纯从双方的职位——他是品牌副总裁，而他的老板是区域副总裁——的角度来解释他的愤怒和不满的话，不会得到任何实质性的进展。我们不会建议这位品牌副总裁这样向他的老板表达："是的，我不习惯于受人压制，并且对自己能否胜任领导者的职位没有把握，这正是导致我们出现矛盾的原因。"

在理想的世界里，没有人会因为听到这番话就感觉到他的身份和地位受到了损害。但是我们生活的世界并非理想世界，因此这会让他感到自己受到了伤害。

在真实的世界中，我们倾向于这样表述："如果有人监视着我，就如同你一贯所做的那样，我通常会感到不太舒服。我正在试图寻找我自己的领导方式和风格，但是在你的控制下这很难完成。我们能不能一起讨论一下，我应该如何接受你的指导，同时你也可以完成你需要做的监督工作，而不是造成像现在这样的状况？"

请注意，这是充满了好奇心、求知欲以及开放式问题的语言，可以引导我们创造新的互动模式。但是这一切来自我们在面对现实时充分地了解了自己的情绪。

如实地表达出自己的情绪并非一件容易的事。实际上，想要在实践中做到这一点，我们还需要更加深入地进行讨论。我们不仅要如实面对自己的情绪，还要做到**没有抗拒地面对现实**，不会在现实存在面前突然大发雷霆。现实不总是那么令人愉快的，但是被现实存在激怒，只能导致我们宝贵的能量被愤怒和压力全部消耗殆尽。毕竟，我们真正能够改变的，也只有眼前所面对的现实而已。

如果“抗拒”自己的情绪，我们就错过了探索其中所蕴藏的完整的和具有促进作用，并能够滋养我们的想象力和创造力的力量的机会。

欣然接受挑战

我们现在的目标就是“没有抗拒地面对现实”。这是通向革新和创造力的途径，否则我们的创造力和情绪能量只能进入一种自欺欺人和受抑制的状态。能够面对现实而不去反抗现实（如果它已经发生了）的能力会释放出可能性。而下一步需要做的，就是彻底改造现状并将潜能发挥出来。

我们来看这样一个例子。作为滑雪者，我们都有过遇到流冰区的经历，这会令我们变得紧张，并试图躲开它。如果这时你决定：冲过去！然后颠覆自我，摆脱束缚，把冰面当成前进路程中的一段，那么当你轻松地进入冰面并让它载着你前进时，通常会发现自己的姿势其实是相当优雅的。一位滑雪的朋友曾经这样评论：“错误就像是冰，我们可以让它载着我们前进。”

当我们将错误当成自己表现中的一部分时，我们就能够更快地承认错误。这样我们就不会一直对它念念不忘，并且能够允许自己“蹒跚前进”（如果我们必须暂时蹒跚前进的话）。

这听起来很简单，但为什么做起来却十分困难？我们的抗拒至少有一部分来自于追求一切表现完美的欲望。我们沉溺于能力上的表现，而非乐于在工作中获得更多的能力。所以我们忘记了真正的领导力成长中所蕴涵的进步的喜悦。

本杰明·詹德（Benjamin Zander），波士顿爱乐交响乐团的指挥，一位出类拔萃的音乐爱好者，告诉了我们有关伟大的作曲家伊戈尔·斯特拉文斯基（Igor Stravinsky）的故事。这位作曲家曾经拒绝一位演奏得“太好”的巴松管演奏者在自己的作品《春之祭》（*Rites of Spring*）中参与开场演出。如詹德所解释的，这段音乐是为了表现俄罗斯的严冬即将结束，大地渐渐苏醒时发出的“第一声爆裂”，这是一种几乎令心跳停止的感觉，是一个令人激动的危险的瞬间。

“这位演奏者，”詹德说，“虽然技术上很完美，但是却不能表现出那个精致细腻却又令人心痛的瞬间。”

他还给我们讲了另一个与此有关的故事来阐明他的观点。当他在排练中听到一段小提琴协奏曲中难以表现的瞬间时，斯特拉文斯基说：“我不想听到谁来**演奏**这段音乐，我希望听到有人在试图通过‘额外的强调’全身心地去表现它！”

领导力正是如此。它通常是人们试图表现出的“声音”、“情景”和“感觉”，是一种将潜力全部发挥出来并有所贡献的渴望。为了尽量做到这一点，我们必须面对尝试过程中的一切可能，并且不带任何抗拒。只有这样，我们才能摆脱试图避免错误的防御状态，转而进入充满好奇心的探索——这才是真正的学习和成长。

另外一个难题是，我们总是错误地把自己的“假定”、“推测”和“信念”当成现实。而这样做的结果，就是忽略了现实通常具有的复杂的多面性。

在旅行中遇到持续不断的雨天会令我们非常扫兴，但是对当地的农作物来说却是上天的恩赐。森林大火可能破坏了生态系统，但是那里过不了多久就会出现崭新的生命和活力。夫妻之间的一场大吵反而可能为两人创造新的情感空间，建立更好的关系。飞机延误可能让你无法按时参加会议，但是你却可能因此而有时间去读一本对你自身以及你的团队产生突破性影响的书。所以，避免带着过度的自信去急于作出判断是明智的。

一个古老的故事可以证明这一点。一个学生去见他的老师，老师教导他说："当你得到好消息时，要感谢上帝；当你得到坏消息时，也要感谢上帝。"学生感谢老师给他的教导，但是经过仔细思考，他又提出了新的问题，那就是如何区分好消息和坏消息。老师带着欣喜的笑容对他说："我的孩子，你很聪明。所以你总是感谢上帝就好了。"

我们可以将这段话的意思这样表达给今天的领导者们：对待任何事物，都要看到各种可能性，感谢你所拥有的机遇，幸运的话，还要感谢你所拥有的能力。你需要的是快速达到这种状态。

当你达到了这种状态，就会明白你对世界的看法会改变你周围的一切。接下来的这个故事，虽然可能不是真实的，但能够为我们阐释这个观点。

当人们来到雅典时，他们总是会去找著名的智者苏格拉底。

在故事中，一家人对苏格拉底说，他们正在考虑搬到雅典去住，想问他那里的人们是不是宽厚友善，会欢迎他们，并与他们友好相处。

苏格拉底反问他们，现在居住的地方的人是怎样的。这家人回答说，这里的人们相互猜疑，令人讨厌，实际上他们相当不友好。

"那么不要搬到雅典去了，"苏格拉底回答，"那里的人们也是这样的。"

过了一段时间，另外一家人碰巧也来向苏格拉底询问同样的问题。他同样反问，他们现在居住的地方的人是怎样的。这家人回答说，人们非常亲切，友善，对他人也很关心。"那么搬到雅典去吧，”苏格拉底回答，“那里的人们也是这样的。”

这其中的要点在于，很多时候，我们并没有看到世界本来的样子，我们看到的是我们认为的样子。

几年前，奥马尔曾经指导过一位被自己所雇用的年轻管理人员激怒的领导者。他向奥马尔抱怨说，这个年轻人在自己的周围修了一堵“墙”。

奥马尔想要亲自看一看，因此他和这位领导者一起来到年轻管理人员的办公室。这位领导者仍在不停地抱怨，甚至是当着年轻管理人员的面。

这个年轻人什么都没说，看起来有点儿被他的老板的气势压倒了。

“看到了吧？”这位领导者说，并且继续对年轻人的毫无反应怒吼和咆哮。具有讽刺意味的是，他越是强调对方的沉默寡言，并且修建了一堵墙来隔绝他，对方越是表现得好像真的在巩固他的堡垒！

面对现实

面对现实意味着将“本然”与我们自己的结论、信念和假设相区分。这位领导者将他的年轻团队成员的沉默或缺乏自信描述为“修建了一堵墙”。你甚至可以感受到这堵墙在上面的描述中是如何被建立起来的！由于年轻人没有作出任何反应，这堵“墙”的存在在领导者的头脑中得到了进一步的确定。

在年轻的管理者看来，他的老板可能是一位专横、不可思议、对他人要求苛刻的工头。领导者越是对他怒吼，他越是认为自己的看法没有错，因此就变得更没有动力去表达自己的感受，或变得更加内向。

想象一下，如果这位领导者已经意识到他们之间的隔阂是什么，并决定拆掉这座观念中的墙，他会对自己说："我信任的这个年轻人一直在保持沉默，我对于他不与我沟通感到失望。"

同样可以想象，如果年轻人能够公正并客观地思考，他也许会说："我的老板想要与我沟通，但是我不确定应该说些什么以及如何说，不过我知道他希望从我这里得到更多的信息。"

如果他们能够分享各自的"本然"，分享他们真实的感受，可以想象，他们的对话内容会变得多么丰富有趣。如果他们能够对相互的内在情感给予尊重、好奇心和真正的关注，我们几乎可以感知到这座沟通桥梁的重要作用。

当我们把自己制造出来的概念当做基本的现实时，我们就无法看清那些需要看清的事实，从而不能得到我们真正想要的东西。无论对经营成果还是团队建设，或者是对二者的相互结合，这都是不变的真理。

对领导能力来说，更大的危险就是，当需要再次确认我们对"问题"得出的结论时，我们会倾向于挑出一些与自己的偏见相符的观点。此时思维就像热跟踪导弹，我们越是带着偏见看世界，就越会得到更多的"证据"来证实我们的观点。这也就是当我们自己买了一辆本田 Civic 后，就会在高速公路上看到很多同样的车，或者当我们刚刚有了自己的孩子时，会在街上看到很多婴儿的原因。就像你所看到的，"寻求会带来发现"是一个心灵感应般的真理。

如果落入这个陷阱，实际上我们只能看到自己所希望看到的，因而就有可能制定出实际并不需要的战略，或者在情感上认可某种方法，但其实问题并不能因此得到解决。这就是严密的、从最初就不带任何偏见的分析如此重要的原因。再一次，我们必须告诉你，这种不带偏见的分析是与好奇心相伴随的，而非否认甚至防御性的。

此外，当新的证据开始出现、思维开始转换时，我们需要彻底颠覆原有框架，并为每一个推动我们向前迈进的甚至是小小的胜利而感到喜悦。它们对于相互信任、可能性和全新构想有着进一步的肯定作用。

举例来说，你可以加入一群对严肃戏剧的观众数量下降不满意的人们，与他们一同不断抱怨；你也可以为即将在伦敦国家剧院上演的贝托尔特•布莱希特（Bertolt Brecht）的《伽利略传》（*Life of Galileo*），以及汤姆•斯托帕德（Tom Stoppard）的《摇滚》（*Rock' n' Roll*，其表现出的思想和文化底蕴给伦敦戏剧界带来了巨大冲击，之后又在百老汇舞台上大获成功）的预售一空表示庆祝。你可以和剧院的工作人员一起等候在剧院的出口，对前来观看的人们表示感谢，并发给他们一些传单，列出即将上演的值得一看的剧目。你们甚至可以承诺，如果他们下次带朋友一起来观看，还可以享受额外的折扣。

如果你因为发觉人们对古典音乐的兴趣在减少而感到沮丧的话，可以去参加在莫扎特的故乡（令人感觉亲切的保留着巴洛克式建筑的小城萨尔茨堡）举行的数千人的音乐集会。从这个世界上最具声望的音乐节中流淌出的对古典音乐的巨大热情，可以帮助你获得重回现实世界的能量与活力。你甚至可以为那些通过欣赏交响乐重新感受到生命和友谊的喜悦的人创建一个俱乐部。

“慢餐运动”始于人们对新鲜事物的热衷，以及一小拨美食家之间的共同承诺。现在它已经变成了一个国际现象。

我们要明确自己的立场，并勇于迈出第一步。我们对所有可能性保持开放，接受并分享自己的情感，努力让多种可能性通过自己得以实现。

因此，只要我们能够接受现实和自己的情感，就能创造一个崭新的里程碑，并向着更为强大、丰富、令人鼓舞的现实前进。真正的领导者会作为有建设性的共同策划者打造出富有更多可能性的团队组织。

马丁·路德·金在演讲中曾说："我有一个梦想！"当我们不去面对现实，询问真相时，我们就只能说"我有一个白日梦……最多是一个抱有希望的幻想"。另一方面，我们必须使自己和他人的观念、情感以及整个企业组织共同致力于实现可能性，如果我们不承担这个责任，这句名言就会变成"我有一个噩梦"。

但这毕竟都是由我们自己来决定的。我们可以积极地面对，主动影响现实，也可以选择不这样做。

梦想成真

企业可以利用一个我们称之为"聚焦可能性"的强有力的工具。它是基于一种被企业经营指导者丹·沙利文称之为"积极聚焦"的个人发展工具转化而来的。

理解这种工具的最好的方法，就是看它在各种各样的会议上是如何被自然而然地加以应用的。首先，在会议的开始阶段，我们需要对已经顺利完成的任务进行回顾。通常我们都会把注意力放在那些失败的教训和出现的问题上。但是对良好表现进行回顾却可以使我们保留更多的信心、能量、想象力和可能性。

然后我们要问自己，为何能够成功。我们通常说，要从失败中吸取教训，事实上这也是必需的。但是我们同样应该从成功中获得经验。为何我们能够取得成功？怎样才能具有更大的影响力？

接下来我们要问："应该感谢的是谁？"如果他们正在出席这个会议，我们要抓住机会，实时地提出这些人的名字，并对他们表示感谢。如果他们不在场，那么我们需要考虑以何种方式向他们传达这种深深的谢意。这种感谢也许不需要表现为金钱形式甚至某种仪式。但是它必须是亲自表达的、可信任的、衷心的，而绝不能只是一个形式。你需要对它投入足够的感情。

在我们对已取得的进展作出肯定并为之庆祝后，聚焦可能性的第二部分，就是要求我们诚实地面对我们没有做好的和需要改进的部分。但是请注意，我们同时要考虑到未来的发展状况，为其保留更多的可能性。因此不要过分追溯过去，一旦我们发现了不足，就要带着面向未来的承诺去改变它，并以充足的活力去实现这个目标。

例如，有人也许会在会议上指出某种顶级品牌的产品销售额在第四季度下滑了15%。显然我们需要花些时间去弄清出现这种情况的根本原因。一旦经过充分探讨，清楚了解了其根源所在，我们就需要定出新的目标。"在接下来的30天里，我们需要做的就是提高销售业绩，实现原有计划目标。让我们来讨论一下应该如何去做，以及每个人的任务是什么。我们能不能做得更好一些？这个目标是否已经足够高了？基于我们已掌握的相关信息，能否得到其他意想不到的收获？"

随着对话的进行，我们取得了一些进展，无论这是否是一个好的讨论会，所有的注意力、能量和焦点都集中在了对未来发展的贡献上，而对于其中所蕴涵的丰富的可能性，我们已经清楚地向人们传达了，并且要求他们每个人为实现这些可能性作出承诺。

请注意，聚焦可能性作为会议的一个规定，只有在得到始终如一的坚持的情况下才能起作用。而这两方面内容——赞赏与团队自我挑战——都需要能量以及对其加以实际应用。如果就是纸上谈兵或形式化，它们只会起到抑制激情和可能性的作用。

Sensei的一个亚洲客户尝试检验了聚焦可能性的方法。这位印尼的工厂经理（他本人是斯里兰卡人，我们很乐意看到世界正在扁平化）在他的团队成员反对使用这种方法时，对他们说："你们可以浪费精力对抗，也可以把精力投入到价值创造中，但是不管怎样，我们肯定要使用这种方法。"

几周之内，由于使用"聚焦可能性"的方法而释放出的活力，使问题比预想更为顺利地得到了解决。所有的员工都开始积极地争取得到"赞赏"，他们会主动避免潜在问题的发生，或防止已存在的问题变得更为糟糕。与以前回避和隐藏问题的情况不同，他们现在是开放和乐于分享的，能够通过公开的讨论解决问题。人们不再具有防御性，而是能够相互肯定和大胆质疑，良好的沟通得到了大家的共同支持。实际上，这位工厂经理，迪纳斯，已经开始让次级管理人员主持每周举行的聚焦可能性的会议。这些次级管理人员又将这种方法带到了他们自己的团队中。

三年后，奥马尔在新加坡碰到了迪纳斯。迪纳斯把奥马尔叫到一边，对他说："那个聚焦可能性练习简直太不可思议了。我要跟你说说现在的情况。我已经离开印尼两年了，但他们仍在使用它。事实上，他们还把这个方法教给了后两任的工厂经理。由于亲眼看到了员工们的热情迸发和所取得的成果，他们也乐于继续使用这个方法。那个工厂无论在生产率、质量还是安全性方面，都连续获得了模范工厂的荣誉！"

这里传达出来的信息是明确的。在使用聚焦可能性的方法与某些人反复互动时，从承认与肯定已经取得的进展开始，理解成功是如何发生的，并对那些付出努力的人们表示感谢和赞赏。

在此基础上，将重点集中在未来发展上，以合作与共同承担责任的态度与对方进行沟通（就像我们在根本性对话部分学过的），并且邀请对方作出在未来共同实现更高目标的承诺。

领导者想要释放激情，就必须确保推进可能性的对话每天都在进行。他们必须定期询问员工：“你现在正在忙什么呢？”从员工的回答中首先要确认的是，他是否有正确的目标（激情释放因子之二）；其次，他是否在为面向未来的丰富的可能性努力，而非只是保守地做一些“恢复”或“维持”性工作。

以下是几个能够为你提供更多可能性的例子：

• “我们正在试图阻止操作过程中出现的错误”远不及“我们正在确保两星期之内让操作准确率恢复到95%或以上”具有更多的可能性。

• “我们正在试图减少过期的应收账款”则不如“我们要确保到本季末没有超过60天的应收账款，以改善现金流状况”更令人觉得爽快。

• 如果你向人们解释说“我们正在努力确保绝大部分高层管理人员愿意留在公司”，会引发更多的创造性的联想，此时不如说“我们的目标是降低员工流动率”。

这不止是语言游戏。这是我们对未来发展所表明的立场，告诉人们它足够强大与广阔，并且所有和我们一起工作的人都将因此受到鼓舞并共同改造现实，如果必要的话，我们还将改造自己的行为方式、态度、倾向和行动。

为了说明这一点，请你回想一下，我们所熟知的最伟大的团队领袖都是有远见的人，例如艾伯特·史怀哲（Albert Schweitzer）、纳尔逊·曼德拉以及其他一些伟人。

伟大的领导者和有远见的人无论在美好欢乐的时候，还是在经历考验和挫折的时候，都有能力去面对。因为他们知道我们必须要面对并且欣然接受，然后超越那些我们正在经历的状况。

换句话说，要想拥有炼金术，你必须先成为化学家。

这样的领导者和具有远见的人能够纵观全局，包括我们所要经历的挑战和拥有的可能性，他们从来不会修建起隔绝创造力或希望的屏障。只有这样，才能将挑战转化为利用可能性进行创造。

特雷莎修女（Mother Teresa）曾被问到，面对着自己的努力看似徒劳的压倒性倾向，如何才能保持作出奉献的激情。她的回答非常简单："上帝并没有要我成功，他只是让我去给予。"换句话说，她的衡量尺度是基于她所帮助过的人们，而非仍有多少人在受苦。重点再一次被放在了过程，而非完美的结果上。

纳尔逊•曼德拉在他漫长的囚禁生活中从未停滞不前。他一直在向囚犯们甚至监狱看守教授哲学！而他所在的监狱也因此有了"曼德拉大学"之称。他的思想与榜样的力量影响是如此强大，以至于当他提出要废除种族隔离制度时，政府意识到他们必须与这个囚犯进行谈判，而后来作为总统，纳尔逊•曼德拉赢得了整个世界的钦佩与赞赏。

这些例子都是非同寻常的，我们中的绝大部分人不会去考虑自己是否拥有这样杰出的忍耐力、风度或品质。但是我们可以成为"可能性的超级巨星"，在我们与团队、客户和市场进行合作时激发出更多的力量。

使用这个激情释放因子

当我们挑剔"应该怎么样"，而不是去寻求改变"本然"的方法时，我们完全失去了勇气。此时我们也不可能具有真正的创造力，因为我们并没有足够深入并真正地了解自己的内在，也不知道它们能够为我们带来怎样的革新。

领导能力是一种转变。但是我们无法转变我们自己不接受或不去面对的东西。当我们决定通过聚焦可能性的方法来使用这个激情释放因子时，不仅能够改变经营状况，同样可以改变我们自己。

因此，第一步就是要保证聚焦可能性在整个企业中成为持续的规则，无论是在董事会还是项目小组评估会，或者任何其他活动中。实际上，所有的对话都应该由两个要素组成：赞赏与鼓励，以及面向未来的挑战与激励。

让我们确保所有的业绩评估、培训、工作指导、团队合作都能够体现出这两方面内容。

这个激情释放因子告诉我们，当我们不仅仅接受、而且能够做到从心中感激“本然”的时候，“梦想成真”就会在我们身上发生。

这是创造我们所期盼的未来的一个先决条件。

第8章 激情释放因子之五：激发未来

在拥有了各种可能性的条件下，我们准备迈出下一步：积极创造具有非凡价值的未来。

有人认为，企业需要同时在以下三个方面具备优势：

1. 从过去中解脱
2. 改善当下的状况
3. 创造未来

在这三点之中，企业做得最好的通常是第二点。每个季度都需要进行业绩评估，意味着业绩管理是企业主要的关注点。当你必须以这样高的频率来调整自己以适应市场的时候，任何阻碍当前业绩发展的问题都要马上处理掉。

但我们总是这么鲁莽与轻率。为了让今天的业绩表现得非常炫目，常常暗中破坏和削弱长期竞争力，然后导致明天的业绩戏剧性地猛然下跌。（我们马上就讨论上述第一点内容——从过去中解脱。）

这里有一个案例：奥马尔曾经与一位重要的客户合作，这位客户向他展示了将注意力极端地集中在短期行为上的结果。

为了让年底的业绩表现得“好看”一些，这位销售总监把大量的产品销售强加给了分销商。由于这家企业在市场上的影响力很大，分销商不得不接受了这些产品，虽然其数量远远超出了目前的市场需求或分销商的期望库存量。

这位客户在自己的业绩单上制造出非常漂亮的销售业绩，以及产品流动性和业绩增长率。但是当下一个财务年度开始的时候，由于企业的产品在市场上已经达到饱和，分销商也开始抵制这种做法，过去数个季度依靠同一手法制造出来的巨大谎言，如同纸房子一样倒塌了。

接下来的一整年，Sensei 不得不帮助整个企业进行调整，寻找对策，并协调激烈的内部矛盾。每个人都在不负责任地指责其他人的不正当行为或不履行义务。那位销售总监也激烈地否认自己犯了根本性的错误。最后他们不得不用三个季度的时间来扭转局面，撤掉销售总监，并修复他们与分销商之间的合作关系，直到企业能够重新获得可产生盈利的销售额增长。

尽管在这个例子中，企业最重视的仍然是三个因素中的第二个，业绩管理吸引了他们最大的注意力，但是同时需要知道，今天的明星通常会因为昨天的炫目表演而失掉明天的机会。

我们并不是在争辩应该抛弃企业的传统、创建之初的价值观，或赋予企业活力与奋斗目标的企业文化和愿景等一些内在的东西。例如伊萨多·夏普（Isadore Sharp）作为四季连锁酒店的创始人，打造出了基于完全服从客户需求而没有过分虚饰的理念的豪华酒店品牌。他的原则包括雇用最好的员工，并要求他们去做能够满足客人需要的任何应做的事情。为客人做那些你想要为自己做的事情，以满足客人对舒适度的需求，是公司对员工的命令。他们致力于让客人处于温馨、优雅和亲切的氛围中，自然而然地使客人的感官得到愉悦，精神得到舒缓或激励——依照客人的需要（这取决于是在温泉疗养地，还是在餐厅里）——这是他们绝不放弃的理念。因此，四季酒店不需要多样化的品牌，他们完全找到了最适合自己的位置，并致力于实现目标。

所以我们完全赞成必须建立并坚持企业的原则和规范，有时甚至如虔诚的信仰般，如强生公司著名的信条一样，首先要改善医生和护士、爸爸和妈妈们的生活质量；改善所有使用强生产品的人们的生活质量；改善员工以及他们所处的团队的生活质量；最后是改善股东们的生活质量（强生说服了它的股东，只要其他原则能够在行动中得到落实，股东们就能够得到合理的回报）。这种明确的声明是神圣不可侵犯的，是强大的激情与自豪感的来源。

另一方面，过去的经历也是束缚的来源，而非仅仅是赋予活力的根源。这些束缚必须被识别并破除。实际上，作为领导者，一个首要的工作就是帮助企业**摆脱产生束缚的根源**。

束缚包括过时的组织结构，有以下几点内容：

- 供应链过于冗长，应使之合理化，以保证不出现重复性的不必要行为。
- 需要多方签字批准的烦琐的流程和手续。
- 顽固坚持使用已过时的技术，如 IBM 对大型机的迷恋，柯达对数码技术的反感。
- 坚持由内部人员承担高层领导者的角色，很多大型企业在从外部引入 CEO 之前几乎因此而倒闭。
- 方法使用错误，如家居仓库（Home Depot）和 3M 的新领导者坚持认为帮助通用电气成功提高效率的六西格马是改善企业状况的万灵药。但是随后由于使用这种方法，家居仓库逐渐失去了与顾客的亲密关系，而 3M 则失去了创新的热情。
- 沉溺于过去的优越表现，如银行无视其他授信者和金融租赁服务提供者的存在，最终导致自己的某个利润中心受到损害。

怎样才能摆脱这些束缚呢？我们需要一个强有力的、令人信服的、更加先进且适当的未来发展前景。

当然，说比做要容易得多。因此，首先我们必须在思想上认识到，过去的某些选择和偏好并不是企业固有的特性，它们只是在特定的时期为实现特定的目标而发挥作用的一些工具、策略或方法。无论怎样，它们现在都必须被修订、改造，或者被彻底抛弃。

一旦我们能够从根源上清晰地认识到，必须继续推进企业的发展进程，并保证企业获得成功，我们就能构想出一个强有力的、足以令我们摆脱束缚的未来。只有这样，我们才能在情感和理性实践上都得到解放，并激发和展望未来。

接下来，我们要向你展示一些可以在实践中应用的方法。

自我挑战

帮助我们创造强有力的未来，并摆脱束缚的一个最有趣的方法，就是在企业内部建立一个团队，这个团队的职责就是在竞争对手超越我们的产品、服务和有价值的经验之前，先进行自我挑战。

如果你能够静下来思考一下这个方法，哪怕只有一秒，你都会发现，这个做法是极为明智的。如果我们是市场上的一个主要竞争者，并且占据着领先的位置，那么我们所有的竞争对手都只想花费时间来做一件事，就是抢占我们的领先位置，或者削弱我们的竞争力。

虽然保持领先地位和持续改进质量，从情感和理智的角度向消费者灌输我们的价值主张，从而巩固企业的优势是非常重要的，但是请注意，还有其他一些必须要做的事情。

如果我们能够在竞争对手得逞之前，抢先实现对自己最好的产品和服务的超越（而不是满足于现状），我们将能够持续地占据领先的位置。

在最鼎盛的时期，吉列公司在这方面的表现非常杰出。当它们将新型刀片 Aftra 推向市场后，马上组建了一个新的团队，任务就是找出这款刀片的不足，并在任何竞争对手做到这一点之前有针对性地开发出新一代产品（Mach 3）。索尼在随身听产品的更新换代上也有相同的举动。它们持续地改进产品（缩小尺寸，增加杜比和自动换向播放的功能），并不断推向市场，而竞争对手们只能勉强跟上它们已面市产品的技术步伐。

今天的成功突破会成为明天的束缚，这真是一个有趣的现象。索尼曾经拒绝承认 iPod 带给市场的可能性（现在它们也承认音乐不仅仅是能够播放的，而且是可以便于携带的），以及 iPhone（融合了据说是索尼曾经最擅长的技术）所具有的优势，虽然这二者无疑是随身听天生的接班人。

但是请注意，我们想要提供的建议是，你需要做的不仅仅是改进自己的产品。每个企业都认为这样做是理所当然的。我们要说的是，你必须乐于创造出使现有产品看起来陈旧过时的新产品。

并且，当市场需要的不只是新一代产品，而是全新的价值尺度或可能性时，我们需要的就不仅仅是一个能够实现自我挑战的团队了。这可能需要整个企业的彻底改变。

克莱顿·克里斯坦森（Clayton Christensen）在他的著作《创新者的困境》（*The Innovator's Dilemma*）中清晰地描述了这种令人不知所措的状况。他的中心论点就是，当市场刚刚开始出现突破性新技术的苗头时，这种新技术可能还没有达到一个理想的、能够被轻松驾驭的状态，因而不能从众多可能最适合引入这项技术的企业中吸引到热心的积极分子。

毕竟，很难有理由说服董事会，把资金从目前最成功的产品和服务上转移到那些也许成本更高、利润更少，并且难以满足当前客户需求的新技术上来。想象一下，当个人电脑刚刚出现的时候，计算机制造商每售出一台工业用大型计算机可以得到 20 万美元的利润，而售出一台个人电脑只能得到 2 000 美元的利润，同时还可能有损企业当前的品牌和技术领先地位。如果仅从这些表面现象来判断，你很可能得到的只是嘲笑和拒绝。

由于这些压力和影响的存在，企业通常倾向于持续原有的生产和经营。

然而就在这些企业持续它们原有的经营时，另一些人却开始挑战新技术，持续改进，并因此吸引到一些新的消费者（例如对当前技术不感兴趣的用户），和 / 或那些喜欢有更多选择和尝试的人们（例如便携式电脑，虽然在产品开发初期它们还不完美）。之后，在这批新出现的并且数量不断增加的追随者的基础上，创新者们会自然而然地发现现有产品的缺陷和不足，并且迟早能够接近甚至超越那些现在主导市场的产品。

在我们能够完全了解上述观念之前，实际上已经经历了众多的变革，例如从打字机发展到文字处理软件，从大型机发展到个人电脑，从传真发展到网络，从使用单一的银行信用卡发展到拥有书店、航空公司以及加油站发行的信用卡，从邮政特快专递发展到使用文件扫描的即时快递，以及更多其他的变化。

如果这是历史发展的模式，为何那些已经在市场上确立了一定地位的企业没有选择主动变化呢？答案是，丢弃目前有效的产品模式，尤其是从我们前面提到的短期市场效应来看，是非常难以做到的。

因此我们几乎不得不创建一个独立的，或许需要自负盈亏的部门，这个部门的任务就是探索新的具有颠覆性的想法，使它有利可图，并且在新出现的或是原有的竞争对手抢占市场之前，将初级产品推向市场。

作为激情释放因子，自我挑战就是要抢在其他竞争对手之前，对我们自己的尖端产品进行攻击。我们必须充满喜悦与激情地为前面的发展铺平道路，加入到自我挑战的团队中，坚持不懈地质疑当前最好的产品与服务，提出尖锐的问题，并倾听来自产品的支持者、反对者和所有使用者的最迫切的需求和反复出现的指责。

但是当某个特别的、针对当前最尖端产品的挑战出现时，我们就必须从这个团队或部门中脱离出来，开始真正致力于新型技术的研究。这要求我们去了解可能的利润结构构成模式，应招募的员工的类型，相关的销售和研发工作，以及这项新技术和方法的潜在实际应用。

当英特尔的副总裁在某次讨论会上听到奥马尔谈论这方面的内容后，告诉我们："你说得太正确了。我们英特尔是一个非常聪明的企业，并且确实做到了让每台电脑都贴着'Intel inside'的标签。但是我们却没能抓住网络革命的机会！企业里的一些年轻人每天在网上冲浪，而不去研究我们曾经告诉他们应该认真关注的现象！这些其实就发生在我们眼前，但是当他们试图为我们提供一些信息和建议时，我们却不曾认真听取过。"

当我们跟不上时代或者至少是行业的脚步时，扼杀的不仅仅是激情，还有可能性。高层管理者作为企业历史和传统的保管者，在这种时候，总是会成为最大的被冒犯者。因此他们通常最不情愿进行变革。

公平地说，现在看起来陈旧过时的东西很可能也是通过"革命性的”转变逐步实现的。高层管理者可能借此开创了自己的职业生涯道路。当你依靠它取得了成功时，你就很难将它舍弃。而且正因为它对你意义如此之大，它就不再只是一个具有时效性的解决方案，而几乎成为了个人的护身符。

Sensei 曾协助过的一家著名的运输企业拥有一位传奇式的领袖，他将这家企业在行业中的领先优势保持了 40 年。他是伴随着企业通过使用严格的杰出运营模式——高度的流程驱动，保证效率，并寻找最适合此运营方法的客户群——而称霸行业的过程一起成长起来的。但是如今，这家企业由于 10 亿美元的亏损额而摇摇欲坠。它的客户现在可以通过多个服务提供商获得多种解决方案，从而能够进行“随意选择”，并得到符合自己需要的个性化一揽子运输方案。由于拒绝承认和接受其他方法，昔日以运营方式为豪的优秀企业如今面对的是业绩的急剧下滑。

这是一家拥有非常强大的品牌效应的企业。尽管如此，只有放弃对过去一成不变的经营模式的迷恋，以全新的视角来看待“运输”与“物流”的现状，才有可能得到复兴。

因此，领导者们必须总是一丝不苟地对其他的可能性进行探索和研究：如何让创新与变革帮助当前具有优势的产品与服务更好地发挥潜力；如何清晰地识别曾经对我们现有的产品或方案有所帮助的突破性创造如今是否已经成为一种阻碍。

保护并释放激情，以帮助我们开创令人振奋的未来，一个重要的方法就是建立一个特定的团队或部门，赋予他们权力，委托他们寻找激励因素和发现机会，并对他们由此取得的成果给予奖励。

这样的团队或部门应该如何寻找相关信息，以确定哪些现有产品和服务需要被彻底改造（或判断其已过时）呢？他们应该从市场，从那些正在与我们抢夺市场份额的边缘竞争者那里获取信息，从引领行业的供应商那里得到有关整体价值链走向的建议，他们还可以去了解企业中最有能力的员工怀有的不满或愤怒（在企业错失良机的时候，他们往往是最了解情况的人）。

更重要的是，要让这些思想、观念、探索、选择和机会在被转述与传递的过程中得到真正的荣誉、认可和尊重。就像柏拉图很久以前指出的，“在一个国家里，得到认可与尊重的，将在那里被培养和传承下去。”在企业中也是这样的。

具备了这样的观念和推动力，我们就做好了激发未来的准备。否则，我们就只能继续被无益的过去困扰。

令人振奋的未来

在使用自我挑战这一方法之前，我们必须先拥有正确的目标。因此，在我们寻找全新的价值与竞争优势的潜在来源时，应遵循以下原则。很明确的一点是，我们需要使激情与才能相互配合，并将能量集中在能够帮助我们获得当前或潜在利润的地方。

“令人振奋的未来”非常重要，因为它指导着我们如何前进。

而通往“令人振奋的未来”的途径，如之前我们建议的，是要识别出当前令我们处于停滞状态的最紧迫的挑战，或者消费者与客户对我们最不满意的地方，或最令我们感到兴奋的其他各种相关信息。

当我们清楚地了解了这些内容，就能够勾勒出一个帮助我们解决、超越或转化问题，并充分把握机会的大胆的未来。

拥有了这样具有突破性的未来构想之后，我们再根据构想的未来回溯现在。

让我们来看一个例子，当 Diner’s Club 发行第一批可以在餐厅使用的信用卡时（虽然以它们今天在市场上的表现，我们只能感叹“巨人是怎样倒下的”），它们对令人振奋的未来的描述是：“让客人在外出用餐时无须携带现金。”

回到那个时候（20 世纪 40 年代），这无疑有些不可思议。但是当人们在外出用餐时必须携带现金的问题被解决之后，不仅仅外出用餐，我们所有的消费方式，在某种程度上甚至可以说是生活方式，都得到了改变。

另一个例子是关于奥运会的，在奥运会运营方面作出巨大贡献、拥有无与伦比的激发未来的创造力、喜欢标新立异的爱德华·德·波诺（Edward de Bono），在教育我们实用性的思考能力和创造力方面十分重要，无人能及。起初，奥运会的盈利模式一直是以观众上座率为基础的，或者如我们的英国同事所说，需要依靠“座位上的闲客”（即观众人数）。也正是由于奥运会的盈利模式固定于此，所以持续处于亏损状态。

但波诺将他们令人振奋的未来描述为：“即使没有人来看比赛，我们也能盈利。”他们将盈利模式转变为依靠电视转播权和相关产品与宣传的销售获益。这一方式不仅将奥运会变成巨大的盈利机会，而且造成了如今全球各城市都在狂热争取奥运会主办权这一颇具殊荣的局面。

寻找并描述令人振奋的未来需要真正的洞察力。如前所述，将手机变为沟通和娱乐的工具就是这样一个例子。对于 iPod 来说，当它被构想出来的时候，一个核心洞察力已经存在了，那就是你可以随时随地享受自己最喜欢的音乐——在海滩，在山顶，在任何地方。你不再必须“选择”自己要带什么。

当令人振奋的未来能够解决当前我们所面临的紧迫问题，或者它集多种消费者价值与需求于一身时，你不能再去追问它是否可能实现。只有当你认为它可以实现的时候，它的作用才能够发挥出来。也只有这样，我们才能搭建起从现状通往未来发展的桥梁——当然如果必要的话，我们可以一步一步地实现。

有时，一个陈述清晰的令人振奋的未来会为我们提供巨大的价值，即使它可能缺乏具有冒险精神的强烈渴望。例如，在帮助大型企业解决问题的时候，奥马尔通常会对如何让员工在课间休息之后准时回到培训会场这个问题提出挑战，特别是那种日程安排紧凑，为期多天的培训或讨论会。

Sensei 表述的一个令人振奋的未来就是：“让与会者乐于按时到达会议室。”你可以想象一下参加会议的人们飞快地冲进会议室的场面，但是这里存在一个问题：如何才能实现这个目标呢?

对于迟到者，可以采取惩罚措施，如强制捐款；但是这种做法会令人感到心情沉闷。奥马尔创造了一套方法，第一次迟到必须演唱一首歌，第二次就要当众跳舞，第三次则由观众们做自由选择。在培训和讨论期间，奥马尔和他自己的团队也要遵循这个规则。这种带有轻松幽默感的方法真正起到了作用。很快，人们开始飞快地冲进会议室，以保证自己不是最后一个。

其实在这个方法刚开始被使用的时候，没有人会按照规定按时回到会议室。但是在第一次有人唱歌之后，大家便开始疯狂地奔回会议室。

你必须如此行动，如同你所希望创造的未来已经实现了一样。即使你事实上做得并不太成功，也会比只强调那些重复的、暂时性的不太难实现的目标有更多收获。

这个方法在哪里都有效

令人振奋的未来在各个行业都能够发挥作用。比如，让我们考虑一下培训行业。通常当大量资金被用于培训的时候，说明企业对此缺乏真正的ROI分析和价值上的考虑。人们对此存在一种幻想，那就是：培训对绝大多数企业来说一定是有益的。

如果企业和培训公司能够将令人振奋的未来表述为“用来培训的每一个小时，都将对企业迈向成功起到看得见的作用”，那么会产生怎样的结果呢？

整个培训过程的设计都将为达成这个目标展开。这表示我们会明确重点，并制定具体的日程安排，令员工们明确地了解，他们参加这个培训的目的，与那些模棱两可地号称“提高技能”，但是在培训结束后就再也无人问津的培训是不同的。也就是说，我们将一致同意并确保培训内容得到确实的后续跟踪和实际应用。最后，我们还要对培训所承诺的将对推动战略目标的实现或对战术重点作出的贡献进行评估。

如上所述，你可以看出这需要的不仅是能量的集中。我们将举办为数较少的讨论会和培训班，但是会在其中投入相对更多的能量，并且希望从发起者、与会者和老板们那里得到更多的收获。最重要的是，我们要进行跟踪和评估，像企业的其他项目和活动一样保证ROI水平。

现在我们来考虑另一个极端，大型传统咨询企业通常会为客户提供复杂的模型、框架、大量的统计数据、沉闷乏味的分析，以及冗长的建议阐述。当所有的咨询顾问将令人振奋的未来表述为“客户会采取实际行动来实践我们给出的建议”时，可以想象，不会得到什么令人满意的结果。

如果按照这种方法，即使最大的咨询企业，也不得不在客户开始按照建议行动的时候，派出大量有能力的员工，与客户频繁沟通，并实时地陪伴在客户身边。

大部分反对企业进行咨询的观点，都认为咨询带来的是不切实际的理论，或咨询并不能真正地解决实际应用中的问题。更进一步，就是应该将有关执行力的衡量标准纳入解决方案和协议中，而非只是作出一些未经实践的假设。

当你将帮助客户实现他们最大的梦想以及之前无法达成的愿望作为令人振奋的未来时，你就能够改变你的企业、你周围的环境以及你所处的行业。这必须是一个令人信服的未来——对你来说，这是一场必胜的重要战役（见激情释放因子之二：正确的目标），它将为你最终的、具有远见的目标打下坚实的基础。

令人振奋的未来可以在整个企业发挥作用，并能够应付各种挑战。Sensei的一个越南客户曾经奋力挽留他们的高层管理人员。这是一家较早进入越南市场并取得成功的企业，吸引并培养了一批当地最有前途和最有能力的员工。但是伴随着越南突飞猛进的发展，新的行业进入者开始对这家企业构成威胁。很显然，这家企业不可能持续地提高薪酬水平，因为新进入行业的竞争者会以这些领先企业的薪酬水平为基准，并相应地提出更具竞争力的薪酬条件，以吸引那些最有能力的员工。

这家企业意识到，它必须寻找另外一个令人振奋的未来："我们将成为那些最有能力的员工的最佳选择，作为越南人，他们会为和我们一起工作感到自豪。"

仅仅是听到这样的表述，我们就能够想象，这绝不仅仅是一句空洞的口号，它需要的是领导者的活力、对职业生涯的考虑以及对能力的培养，使员工既能面对挑战，又能把握机会。它对国家和团队的发展作出了同样的承诺。

正如前面所举的例子那样，一旦有了清晰的表述，我们需要做什么就显而易见了。领导者现在就要开始行动，使我们每一天都更加接近这个目标。只要我们接受了这个挑战，并将之推向整个团队，激情就永远不会离开我们。

对于这家越南企业来说，为了使它令人振奋的未来成为现实，各个团队都被督促为目标的实现出谋划策。而伴随着各种想法的产生，它开始了真正为实现承诺而努力的过程。在我写下这段故事的时候，它的人员流动率开始下降，员工保持率开始上升，员工们正在为创造令人振奋的未来作出更多的贡献。

有关共同成果的信息分享

我们可以通过推动每一个团队与个人实施具有创造力的、目标明确而专注的行动来激发未来。我们将在这里具体讨论如何去做。

虽然我们在此为你提供的，是一个关于个人使用此方法的例子，但是我们所说的一切同样可以应用到团队上。将团队看做一个“整体单位”，然后“复制”我们向你推荐的对话即可。

首先，我们来假设你是一位老板。你对自己的一位团队成员说：“在未来的6个月里，有三件最重要的事情需要完成，如果你做到了，将会给我一个惊喜。”

使这段话能够发挥作用的条件是，那三件事情足够重要，并且足够适合激发对方的最佳状态。“重要”在这里指的是，这些事情明显与企业或业务部门的最高目标相联系。“适合”则表示这项工作的完成需要个人的成长以及主动性的发挥。

因此，一个具有激励作用的好的表述，不应该是：“如果你能够卖出100件产品，我将感到非常满意。”这仅仅是一个关键业绩指标（KPI），它不需要你的重申。一个好的激励性的表述应该是：“如果你能够为企业争取到10个有益的新客户，并恢复与5个已流失客户的联系，我将对此非常赞赏。这对我们目前的销售与客户关系策略非常重要，并且不同于当前所采用的方式。”

同样，这样的表述可能是无益的：“如果你的团队成员能够把业绩改善计划写好交给我，我将非常满意。”相比之下，你可以更巧妙地将它表述为：“如果你的团队能够认真对待业绩改善流程，如果你们能够在评估过程中真正开展指导性对话，并拿出一份强有力的、操作性强的、面向未来发展的行动计划书，我将会感到非常满意。”

因此，你需要与每一位团队成员分享最具影响力的、令你满意的三件事。为什么是三个呢？心理学研究建议，在有关人类的关注力和专注力的领域内，有一个“三项原则”。超过三项时，注意力就不能集中，关注程度也会下降。另外，Sensei 在对全球的领导团队进行协助的工作中，也强烈建议每个人都应有意无意地为自己的团队成员设立三到四个“满意条件”。不过，有意识地思考可以帮助我们更加清晰地将之表述给团队成员，最重要的是，要在他们还能为之作出努力之前与他们分享这些信息。

当你同团队成员分享了你的“满意条件”后，要求他们花几天时间，把自己所理解的内容写下来。然后对这些内容进行简单的评估，同时听听他们对于实现目标所需要的领导者的支持、咨询建议和指导有何要求。现在你们就拥有了一份共同的指导合约。

之后你们需要对规律性的评估和检验达成一致意见，建议你最少每个月进行一次“健康检查”（同根本性对话相似），最多两周进行一次信息更新。

现在你可以把这项工作反过来做一下，而且你确实应该这样做。要求你的老板给你 5 分钟时间，因为你需要得到一些帮助，以更好地实现目标。对于你所要求的时间和陈述的理由，他很难拒绝。

你可以这样对老板说："我很清楚我们的目标是什么。但是我想对你我所考虑的工作重点进行确认。如果从现在开始以6个月（或者3个月、9个月，依你的工作性质、行业和合作方式不同有所变化）为期限，你认为哪三件最重要的事情是我们必须完成的，并且能够让你对我的团队和我们所作出的贡献感到满意？"

如果你的老板回答"我必须考虑一下"，你要跟他约定在两周之内（这是一个比较合适的时间）再次占用他5分钟时间进行面谈或电话沟通，以保证这个答复具有时效性。

如果你的老板给了你一个过分技术化的指标（如提高X产品的利润），你只需继续向他询问，"为了达到这个目标，你期盼采取什么行动和后续跟踪……"然后将你的设想提供给他，以帮助他确认或修改自己的想法。

经过这样的意见交换，将你对这三件最重要的事情的理解做一个简单的记录。一个月之后询问老板："我做得怎么样？"如果进展顺利并且效果明显，你将能够说服他把每月一次的快速信息反馈固定下来，甚至可以提出一两个相关的要求，例如在此过程中你需要老板提供什么样的帮助。

为什么要去询问你的老板呢？因为他很可能已经为你设想好了最关键的三个"成功因素"。通过这样的沟通，你可以了解它们，同时强调老板在这些目标的完成过程中对你的赞赏的重要性。通过这种方式，你的老板就能够参与进来，成为你的指导者和业绩实现伙伴。

如果你的老板拒绝与你进行沟通，就表示他根本没有认真对待关系的建设或未来发展。虽然出现这样的情况会让人感到沮丧，但是至少能够帮助你认清所处的现实环境，并提醒你需要想办法作出一些改变。

但是对此你一定要适当地进行处理，向双赢的目标努力，并且表示出乐于帮助你的老板完成他所考虑的重点任务的愿望。很少有老板会对此表现出冷淡，或对你的热情与承诺置之不理。

这种有关共同成果的信息分享适用于所有环境，而不仅仅是你自己的团队或老板。**在任何你需要与他人取得共同成果的时候**，你都可以用它激发未来。

比如，面对一位潜在的新客户，你可以这样说："假如你决定与我们合作，那么以6个月的时间为限，哪三件事是你最希望我们能够完成，并且能够让你认为自己做了一个最好的选择？"

当你得到了对方的回答，就可以对自己能够在多大程度上满足这些期望作出预估。也许你需要调整企业的一些相应的反应能力。

但是如果他们的期望超出了你的企业的现有能力，你既可以建议对方选择其他合作伙伴（请记住，我们必须对企业具有远见的目标和价值观保持忠诚）以避免双方陷入困境，也可以说服客户调整他们的预期，以保证你的企业确实能够做到令他们满意。然后你需要定期进行跟踪，以确保目标得以实现。

如果你能够按照这样的方法去做，将会因此得到一个毕生的追随者和拥护者。

此外，一旦你开始与对方进行合作，甚至可以让客户知道，通过这种互惠互利的合作，他们将获得更优惠的条件和更多的关注。如果客户了解事先填写好哪些文件可以得到更加迅速的服务，或者如果及早支付账单能够享受更优惠的利率，他们常常会因此而受到激励，与你建立起真正稳固的合作关系。这种做法无疑对我们所寻求的有利于业务发展的良好关系起到了促进作用。

正如我们所看到的，同样的对话可以在我们与供货商之间、同事之间、项目组里乃至整个企业里进行。实际上，加上"聚焦可能性”（参见第 7 章“激情释放因子之四：保卫可能性”），我们已经拥有了一个非凡的方法，来确保将这种令人激动并充满活力的前进势头保持下去。

实际上，你甚至可以在家里尝试这种方法。在新的一年开始之前，或者在某个假期开始之前，你可以先展望一下未来，想象你会拥有最棒的“X”（一年、一个假期、一次性体验，或其他任何事情）。然后询问你的家人或其他参与这次活动的人，如何才能让他们同样感觉良好，并与他们分享你的想法和计划。当你们的意见达成一致时，强有力的甚至是根本性的对话就会发生，这将能够提升激情，并使时间得到最优的利用。

请记住，无论你是否想办法引出这样的对话，你所爱的人们都几乎必然拥有这些愿望和憧憬。所以我们为什么要躲避呢？同样，我们也必然有自己的烦恼和愿望。我们越是能更好地理解他人，他人也就越能更好地理解我们，这样相互之间的合作才会充满活力并收获更多。

发挥它的作用

要使这个激情释放因子真正发挥作用，我们必须在摆脱过去的束缚与创造未来之间找到平衡。

无论你在哪里，作为领导者所要做的第一件事，就是将我们的“根源”与“束缚”相分离。我们必须通过创造聚焦于未来发展的新选择来摆脱束缚。

我们可以对当前最好的产品和服务进行自我挑战，与持有各种不同观点的人展开讨论，通过与企业内部和外部（供应商、客户，等等）的各种人相互合作与探讨，来提出大量方案。

我们还可以创建“臭鼬工厂”* 团队，远离企业日常工作中的各种迫切要求、设想和压力。

同样，当我们陷入停滞状态时，当我们感受到更多的可能性时，当我们看似处于平稳期时，需要去描述一个能够改变现实的令人振奋的未来，并且不断地询问:“为了实现这个目标，还有其他什么需要改变的吗？”然后每一天都为这些需要改变的“其他的事情”作好准备。

接下来，让我们与来自企业内外的各个阶层的相关人员一起对现状进行讨论，寻找实现目标的方法，对所有帮助我们取得进展的行动表示承认、感谢，并给予奖励。

最后，让我们通过有关共同成果的信息分享来改进现有关系，创造新的关系，提供更为清晰、丰富、意见一致的可能性，使现状和未来都变得更加生气勃勃。

* 臭鼬工厂（skunks works）：指远离公司惯有的常规组织结构，专门进行创新研发的团队。——译者注

第9章 激情释放因子之六：承担责任

当令人振奋的、拥有丰富可能性的未来摆在我们面前时，无疑是令人激动的。为了实现这个目标，领导者、团队成员以及为之奋斗的企业各阶层员工，都必须承担起属于自己的责任。事实上，与责任相分离正是最大的激情杀手之一。

这里所说的责任，指的是了解什么是自己必须做的，为什么必须要做，以及如何去做。

说得更具体一些，领导者应该承担什么样的责任？我们为你提供的方法，就是不厌其烦地询问："我能为此（依具体情况而定）做些什么？"

你会认为这些责任应该是给定的，是已经被规定好的，但它们不是。我们曾经与上百个客户进行合作，他们打来电话求助，并解释与其相关的所有细节。事实上，没有人曾经对我们说过："我已经做了所有我能做的事情，承担了自己能接受的一切责任，并且尽可能地采取主动。我真的已经竭尽所能。"

更多的情况是，这些人会向我们抱怨说，如果不是因为某些阻碍（当然通常是来自外部的），任务早就完成了。这些人告诉我们，他们没有足够的时间去完成任务，他们有一个糟糕的老板，或者很多顽固的员工。

于是他们（有时我们也是这样）利用这些理由和更多回避伎俩，对自己所应承担的责任不采取任何行动，虽然我们都知道，只要采取行动，就会产生完全不同的结果。

暂时的逃避和摆脱困境看似容易，但是这种拙劣的做法却消磨了我们本来所具有的活力和战斗的勇气。它是使激情消失的最主要的途径。那些真正采取了行动的人看起来是令人瞩目、表现英勇和非凡的。实际上，这正是领导能力的精髓——将“能够实现目标”的决心转变为现实的结果。你越是能够散发出这种力量，向别人证明目标是可以实现的，并对你的团队进行激励，激情就越是自然而然地被释放出来，整个企业都会为这个能够实现的目标不断进行开拓和取得进展。激情与战斗的勇气是相辅相成的。

虽然从表面上看，我们所面临的选择就是是否要对工作负责，但实际上这个选择是非常棘手并且关乎生死存亡的。我们要么选择成为受害者，要么选择不成为。

如果你选择不做受害者，选择努力前进而不是对着挑战发牢骚，你通常就会开始寻找那些能够让自己发挥影响并取得进展的事情，无论它是微不足道的还是不同凡响的。我们之前已经对这个问题进行了大量讨论。

但是对领导者来说，承担责任还包含着能够对企业产生巨大影响的关注焦点和实际的用途。也就是说，你需要承担起让他人尽其所能、发挥最佳状态的责任，包括老板、部门的同事、你自己团队的成员，等等。如果你能够真正做到这一点，胜利就将源自你所构建的成功的人际关系，这是非常关键的。

为了详细地了解这个激情释放因子，我们可以分两步进行说明。首先，我们要讨论两个用于承担个人责任和集体责任的工具，以便在令人振奋的未来得以被清晰描述之后，用来应对可能出现的外部挑战和机遇。

之后我们要看一下，如何能够最理想、最有效地承担起能够使那些与我们合作的人表现出自己最佳状态的责任。如果顺利的话，这样做不仅可以使我们自己而且可以使他们的激情得以释放。

面对问题并充分把握机会

有时我们会遇到一些确实难以应付的问题。它可能看似真的没办法解决，抑或是一个由于长时间存在而被大家习以为常，从未真正面对过的问题。

当我们似乎无路可走，而所有明显能用于解决这个问题的方法都以失败告终或没有达到预期效果时，能够帮助我们继续前进的最好方法，就是“深度调研”。

如通用电气、微软、惠普和其他企业的领导者所清楚表述的，这时候，我们需要的是深度潜入问题本身，而非急于去解决它。我们接受这个问题，并与那些与问题直接相关的，或能够对其提出一些见解甚至解决方案的人们进行沟通。

在这段时期内，像我们之前提到过的，需要保持你的“疑惑”与“好奇心”，并对问题的存在完全持感恩的态度。一些企业真正体验到了，在它们能够实施这一近乎带有“禅意”的举动时，虽然之前并没有设想过问题一定能够因此得到解决，但是伴随着足够的开放性、倾听、探索以及看似平淡无奇的多轮沟通，解决方案迟早会自己浮出水面。

这里有一个案例。Sensei 曾经与一家著名的运输与物流企业合作，这家企业通过非凡的领导能力和打造令人印象深刻的优秀地方团队，实现了在某个发展中市场的巨大突破。他们完全扭转了此前在这一地区所面临的困境，并因此成为了整个企业的一个闪光点。

但是在保持了几年良好业绩之后，员工们由于严重的薪酬不足问题，开始越来越多地表现出不满。他们意识到自己所处行业的薪酬计算模式可能与其他行业不同，但即便如此，他们仍然不认为这是一个合理的解释，企业在逃避责任。他们知道自己受雇于一家年度利润非常高的全球领先企业。他们也知道自己处在一个发展中国家，在与客户、交通枢纽、港口、集装箱、信息技术和基础设施相关的各种标准上都面临着更多的困难和挑战，而这也就意味着他们能够取得像现在这样优秀的业绩是更加艰难的。因此，他们希望得到与自己的能力、自己所作出的贡献相匹配的薪酬，能够与这个行业中最好的企业的高层领导者愿意为员工提供的薪酬保持相同水平。

从理性上考虑，一个重视才能和绩效表现的企业，很难对员工提出的这样的要求进行反驳。然而这已经是让高层领导者头疼多年的老问题了。按照欧洲总部的常规性思考，他们应该进行一次专业的薪酬调查，并以调查的结果来显示企业目前的薪酬水平是“具有竞争力的”。但考虑到这个调查结果在显示薪酬的公平程度的同时，有可能会将整个企业的薪酬分级标准暴露给所有人（如果将调查结果公布出来的话），这无疑会制造相互间的仇视和无益的竞争，影响整个企业的士气，因而欧洲总部负责人表示他们不愿意实施这项调查。

抓住解决问题的核心内容

提出加薪请求的部门主管让·马克对他的老板说，他认为公司反对为员工加薪的理由站不住脚。如果这些要求加薪的员工，在日复一日地面对各种困难状况时，能够足够“成熟”地应对压力和挑战，并取得了优异成绩的话，公司完全可以相信，让他们了解企业薪酬分级标准的真实情况是安全可靠的。此外，关于薪酬标准的种种猜测早就在企业内部到处流传，与其让大家胡乱猜疑，不如让他们了解真相。

让·马克还坚持认为，如果企业的薪酬、奖金和其他报酬标准是真正合理的，是按照绩效进行分配的话，向员工解释为何某些人能够拿到更多的薪酬其实是一件简单的事情。

让·马克告诉他的老板们，如果企业不进行这次调查，就将在那个曾经为它作出了如此多贡献的团队中失去信任。而且这样看起来好像企业试图隐瞒什么。如果调查结果公布出来，员工们的薪酬确实是具有竞争力的，那么万事大吉。如果像大家之前猜测的，确实存在薪酬不足的情况，那么企业应该积极地解决这个问题，而非仅仅做一些固执且态度强硬的声明来应付。

让·马克组建了一个团队对此进行深度调研。他们走访了其他企业，看到其他企业的员工通过公开的会计报表来了解公司的损益情况，以及公司作出一些重要决定和选择的理由和依据。他们认真地考虑了这种做法和其他了解到的经验。他们还走访了欧洲总部，了解了总部的高层管理者对此事的担忧和考虑。

当薪酬调查结果显示确实存在薪酬不足的情况时，让·马克以之前的深度调研结果为基础，策划了一份不超出年度预算的阶段式补偿计划。这份补偿计划能够确保新的薪酬体制在来年全部上线，并且薪酬增长数额将小于企业利润增长数额，以保证他们能够完成向公司承诺的计划。

让·马克的团队知道，他们必须帮助他“推销”这份计划。他们保持高度一致，并确保没有人能够合理地说明这种公平对待员工的做法会使企业蒙受损失。他们向人们证明，企业原本具有的高生产率和高收益率在这份计划的推动作用下将得到进一步提高。

更进一步，让·马克论证了如果不作任何改进，企业里最好的员工将会流失，并且企业要因此承担由于薪酬不具竞争力而导致的、无法为关键职位找到合适人选的潜在风险。如果在之后的几年内他们失去越来越多的精英员工，并且不能为关键职位找到同样优秀的人选，那么由此产生的年度潜在损失将会是同期可能实现的增长的两倍或更多。

他能够整合出一套解决方案，因为他承担起了解决这个问题的全部责任，虽然由于涉及了企业中不同派系和股东们的利益问题，其他人对此已感到绝望。站在一个公开的、为公众服务的立场上，他对找到一条出路充满激情。

让·马克获得了实质上的圆满成功，他说服了处于关键位置的老板、团队成员以及行业里的同盟者，令他们承认并相信这是他们需要为之努力的正确目标。他将这个问题的解决与企业的基本生存能力联系起来，问题能否得到解决，关系着企业能否留住关键职位的员工并保持增长势头。由此这项任务的重要性变得如同我们前面曾经提过的曼哈顿计划一般。员工们也不再为一些无关紧要的小事或细节抱怨不断和争论不休。他们意识到，这关系到每个人的最大利益。因此他们需要灵活面对，接受现实，并给公司一些时间来实现这个目标。

当问题最终得以解决，员工们的薪酬水平得到了提高时，热情和兴奋都因此迸发了出来。处于关键位置的员工比以前更加努力，而新的薪酬体制也被母公司当成了示范公平性与透明性的全球样本。与之相伴随，企业吸引到了更多符合他们需要的有能力的员工，从而保持了业绩的持续增长。

在这个案例中，让·马克强迫每个人去“接受和面对问题”，直到出现解决方案（对于这个过程，第 11 章有更多的讨论，以及关于能够释放可能性的沟通方式的讨论）。当琐碎的争吵逐渐消失，大家能够为真正解决问题而共同努力的时候，方案就会出现在我们面前。

让我们总结一下上面所讲的内容。当你使用这种方法的时候，需要先清楚地了解你所面对的问题和机会。然后需要识别出主要的利益相关者，并将你所掌握的机会与他们的切身利益关联起来，以此说服他们成为你的支持者。在这个案例中，机会实际上就是支持并保持企业实现持续增长，符合成本效益原则的生存能力。然后不要急于寻找解决方案，花一些时间，从大量的内部员工，必要时甚至可以从外部人员那里收集信息，与他们讨论、合作、提出疑问并进行探索。

当一个解决方案逐渐浮出水面时，与大家讨论并进行逐步调整，识别它的利弊所在。不要过早完全相信某一个方案，其中的技巧就是，要不断对这个我们在短时间内就对其感到非常满意的方案询问："如何才能让这个不错的想法更加完美？"

快速形成初步方案的艺术

我们现在开始讨论第二个工具。首先，上面提到的对方案进行持续改善和调整，并不意味着在它变得"完美"之前，我们不采取任何实际行动。

在将挑战转化为强大的机会的过程中，能够帮助我们承担起责任的第二个工具，就是快速形成初步方案。也就是说，你需要迅速地策划出一个大致可行的、近似的方案，然后收集大量的反馈信息，对它进行修改和调整，接着再次收集反馈信息，直到形成真正符合你需要的解决方案。

还有一种做法，就是不断对方案进行纯粹的内部调整。内部在这里可以表示你的部门、团队、业务小组，或者整个企业。尽量让这个你投入了如此多精力和时间的最终方案变得完美，最后再向企业外部的相关人员公布。

但是如果你选择了第二个方法，那么从一开始，我们就要向你强调两个可能出现的问题。

首先，如果你拿出的方案（包括广告宣传、产品包装、重新设计的流程、新的供应链、新的产品组合、新的办公室设计等任何内容）违背了关键的利益相关者（你的老板、其他部门的主管、合作伙伴、客户或消费群体）的愿望或预期，或者被认为有偏袒某一方利益的倾向，他们就会认为这个看似几乎已经“完成”的方案对自己形成了一种紧迫的威胁。

从心理学上讲，如果人们对某件事情感到不舒服，即使面对的是看似既成的事实，人们也会奋起反抗。

因此，当你的方案处于公开发布的阶段时，与其去收集那些“有益的”建议，不如先听听人们发自内心的、带有某些情绪的看法，因为他们可能会认为其中存在不公平待遇。此外，如果你不尽早进行广泛咨询，一些利益相关者会因此遭受意外的打击，他们会感到非常震惊，因为你策划的方案与他们的预期相去甚远，但却没有在方案讨论的早期阶段邀请他们参与并得到他们的支持。如果出现这种情况，他们将会在你公布方案时表现出不合作的态度。

此时对你来说，从心理学上讲，同样会产生一些敌对情绪。因为你花费了那么长时间来寻找、研究、修改和调整，努力地使它更完美地展现在大家面前，你能够看到这个方案所具有的全部优势，对一些缺陷却可能存在潜在的不屑一顾的心理。因此面对这些不合作，你会不知不觉地以战斗的姿态来应对，像维护自己的领土和私有财产一样维护这个方案。

此时我们失去了共同促进方案产生的活力，公布方案和提出建议的双方变成了彼此的激情杀手。

与此不同的另一个选择就是快速形成初步方案。广告代理商们通常精于此道。他们会很自然地抛出各种各样的想法，然后找出其中最好的进行深度调研（如同前面曾经描述的）。他们试图从客户的角度去体会各种想法，逐字研究，释放想象力，然后等待灵感的出现。我们可以想象，他们所寻求的这种完美而简洁的方案会在最合适的时候浮现出来。其中一个最经典的案例（关于广告宣传）就是可口可乐公司广告宣传词的诞生。在经过数个月修行般的寂静与沉默之后，沟通过程中的灵光闪现使他们得到了“这就是可口可乐（Coke is it）”这句经典的广告词。

我们可以想象，当这道明媚而灿烂的沟通之光出现时，一切自命不凡和笨拙的文字游戏都已经（用一种比喻来说）被扔在了剪辑室的地板上。

这就是深度调研和快速形成初步方案的根本目标。当然我们首先需要了解自己是代表谁的利益在进行创新，以及一个真正的解决方案能够包含和产生什么。否则，我们可能就会像创造“新可乐”* 一样创造一个失败的案例。

---

* 新可乐（New Coke）：始于可口可乐与百事可乐之争。百事可乐在最初攻击可口可乐时，曾经在大街上随机抽取人员做双盲测试，并发现大多数人认为百事可乐更好喝，以此为证说明百事可乐的优势。可口可乐也做了同样的测试，他们惊恐地发现事实确实如此。于是他们断定可口可乐必须在产品上进行改进，经过大量的资源投入，一种新可乐发布出来了。在对新可乐做同样的双盲测试时，有更多人认为新可乐比百事可乐好喝。当时的 CEO 在发布新产品时宣称，这是可口可乐有史以来做得最有把握的一件事。但事实是，新可乐迅速被消费者抵制，最后可口可乐不得不重新推出原来的可口可乐，并完全摒弃新可乐。这种双盲测试是一种错误的方法，因为在做这种试验时，测试者对每种饮料都只喝一小口，而不是像平常一样一次喝一瓶。当用户只喝一小口饮料时，大多数人会更喜欢比较甜的那一种，虽然当他们喝一整瓶的时候会有不同的看法。——译者注

其次，我们需要摆脱延迟陷阱，因为这同样会消磨能量和激情。延迟陷阱是由于我们在拥有最“完美”的设想之前迟迟不能开始行动而造成的。但初步方案所要求的，是以最快的速度给出一些想法，这些想法可以是任何内容，即使它不是一个完整的构想。随后我们就可不必受制于这个方案，而是要从潜在用户、旁观者、专家乃至反对者那里收集相关的反馈信息。

当人们知道自己能够对这个方案产生一些影响时，就会乐意提出建议。你甚至不需要在最后的设计和方案形成阶段做什么投入，当然你至少应该向他们提供可供讨论的内容，一个可供进一步改进的模板。此时你并不是交出了自己的责任，而是通过增进沟通、构建良好关系和增加可能性来对其施加影响。

快速形成初步方案能够释放激情，因为它是尖锐的，它不容置疑，带有紧迫感，需要保持极快的进度并对其持续进行思考和评估；而且在每一个阶段性的进展中，都需要我们对最初的目标进行回顾和思考，同时将我们自己的想法与大量的外部促进因素融合到一起。

席德•西泽（Sid Caesar）令人瞩目的喜剧著作团队常被当做快速形成初步方案的经典案例。这支团队拥有如尼尔•西蒙（Neil Simon）、伍迪•艾伦（Woody Allen）、梅尔•布鲁克斯（Mel Brooks）、拉里•吉尔巴特（Larry Gelbart）等众多人才。他们每周进行喜剧创作表演，不断交换各种想法，提出质疑和改进方法，并从中汲取灵感，进行即兴创作。这些表演片段就是他们不断形成的初步方案。

最著名的快速形成初步方案的案例就是“曼哈顿计划”，该计划集中了世界上顶级的科学家，他们承诺的整体目标就是先于纳粹德国制造出原子弹。

没有人知道解决方案或结果是什么。由此出现了大量的初步方案，有些是前途光明的，但大部分是盲目的；整个团队都在坚持不懈地反复检验结果，探讨各种想法，同时接受和挑战各种直觉。

但是快速形成初步方案的方法并不仅仅适用于这种全新的构想和创造过程。任何改进计划、关键报告、重要的沟通、组织结构调整，都将得益于这种从初步想法开始，经历大范围的、众多人参与的严酷考验的方法。更多的信息反馈引发了进一步的创新，我们的最终方案将在这种高效率、大范围、充满激情的考验过程中诞生。

我们必须采用多种想法并行发展而非相继发展的方法。这是产生真正的沟通，释放真正的激情和集体潜能的唯一途径。

老板如何承担责任

接下来我们开始讨论个人对责任的承担问题。

首先，在与老板的合作中，我们必须承担起自己的责任，因为这是我们掌握自己的工作成果和工作激情的关键。我们所有的工作成果都要对老板负责。

这里有两个适用的方法：第一就是去释放——或者有可能的话，去培养你老板的激情（这是一个我们即将讨论的看似奇怪的观点）；第二就是保护你自己的激情，因为你有可能会遇到各种各样的老板，他们很可能在行为和工作方式上与你产生摩擦。

第一个方法是为了避免将你自己置于一个固有的，如同父母与子女式的关系中，否则你可能会为了得到一些琐碎的批准、认可、关注、兴趣和确认，像发牢骚的孩子一样不停地发出请求。

让这一切变得顺利的方法，就是主动寻找能够激发你老板的热情的方法。

我们常常听到老板必须激发员工主动性这样的说法。在这种一边倒的领导、管理和指导的文化中，你很难有机会表达出那些反而能够激发老板热情的见解。

产生这种状况的原因是什么呢？为什么当我们被设定在这样一个等级体系中后，居于较高位置的人似乎失去了任何对激励、信息反馈、认可以及关注和更多方面的需要？

也许是因为我们作出了某种假设，即自己的下级员工并不能满足这个需求——因此唯一能够满足这个需求的来源就是“上面”。但这是荒谬的。我们最主要的合作者就是自己的团队。虽然我们在情感上对老板给予的赞同和支持有积极主动的需求，可能是出于对工作保障、事业发展和其他方面的考虑；但是作为人类成员的我们，实际上需要从与我们合作的各个阶层的人那里获得这种支持。

因此，让我们把老板当做一个普通人来面对。比如，无论是否表现出来，实际上他们常常会感到困惑，感到没有把握和不确定，因此在他们作出正确选择的时候，你能够给予肯定和鼓励是符合最佳利益结果的。这不仅能使他们拥有信心，还能帮助他们获得优秀的领导能力。否则他们就会倾向于做那些对自己来说“比较简单”和“更适合”的事情，而不考虑可能对他人（例如对你）产生的情绪上的影响。

如果能够做到这一点，你就能够间接地、毫无威胁地向你的老板传递某些信息，比如告诉他们哪些地方做得不太好。

奥马尔的一个客户保罗是一家大型生活消费品企业的亚洲区主管。保罗的老板弗兰克是一个专横、夸夸其谈、感觉迟钝的人。

保罗对弗兰克的一次适得其反的工作访问感到非常不满。因为在这次访问之后，保罗不得不安抚他的整个团队受伤的自尊心，重新激发他们积极主动的工作热情，以及重述他们的目标。

“你能相信吗？”保罗问道。“我们最高级别的一位领导居然是个扼杀激情、斗志和承诺的专家。”

奥马尔问他是否曾经有过弗兰克到访而没有造成如此糟糕的负面影响的经历。经过一番沉思，保罗承认曾经有过。

“你问得很有趣，”保罗说，“就在上周，他去泰国做工作访问，情况好得像做梦一样。也许他刚刚在家好好歇了一个星期，天知道怎么回事。但是他确实很放松，想法积极，注意听别人说话，甚至还给了鼓励性的评论。整个团队都感到非常惊讶……不过就只有这么一次。”

奥马尔指导保罗做了下面的事情。当他下一次见到弗兰克的时候，对他说：“弗兰克，我不得不承认你在泰国的工作访问效果非常好，整个团队都变得更有干劲了。虽然我们只是像以往一样对竞争力和其他一些计划进行了直接并且尖锐的评估，但是你真的让大家感受到了前进的动力。”

像他们计划好的那样，保罗表现出不容置疑的满腔热情，以及对弗兰克的感激。

弗兰克对此稍微感到有些惊讶，因为保罗以往并不是一个这样善于表达的人。他回答说：“很好，很好，不过你似乎过于强调泰国了。我们一共做了 8 个访问。你觉得其他几个怎么样？”

这正是保罗现在希望听到的问题。他已经准备好了一个不会冒犯弗兰克的答案：“哦，是的，按照通常意义来说它们也不错，但是泰国之旅，那真的是一次非常棒的访问——它涵盖了一次真正的工作访问的全部意义。”

弗兰克现在深感好奇。“但是，其他的……”

保罗仍然重复着之前的那段台词。“是的，其他的也不错，但是您知道吗，泰国的访问现在还在我脑子里……”

弗兰克有些按捺不住了。“哦，该死，我很高兴，但是其他的访问怎么样呢？到底是什么让泰国之旅如此与众不同呢？”

现在是保罗给出信息反馈的时候了。但是参考了马歇尔·戈德史密斯（Marshall Goldsmith）提出的语言表达范例，奥马尔帮助保罗准备了一段“前瞻”的表述。这是一种面向未来机遇的表达，而非对过去的回顾和批评。

保罗对弗兰克说：“你做得太好了，我和团队的其他成员都希望你能够继续这样做下去。你注意倾听，积极地提问，尊重大家的想法，对好的工作表现给予鼓励，即使在提出质疑的时候也是亲切随和的，但是又非常适度（确实如此），你改变了每个人之前的一些固有想法。”

这种开放式的意见，开启了一次有关如何更好地完成一次工作访问的富有成效且不具对抗性的沟通。

在接下来的一年里，保罗告诉我们，不仅整个区域取得了业绩上的成功，团队的士气和激情也被点燃了，因为弗兰克现在非常注意他在工作访问时所造成的“影响”，而非仅仅留意其他人的业绩表现如何。

因此，当你注意到老板在某些事情上做得不错时，哪怕只是差不多正确，也一定要将你的认同和鼓励表达出来。

你需要将认同和鼓励适当、明确地表达出来，而非表现得像一个善于奉承的马屁精。不要去期待老板会有完美的表现，而是应该在他们选择走上正确的道路时，告诉他们做对了。让他们知道为何你对这件事表示赞赏和认同，他们的做法造成了怎样的积极影响，为企业和员工带来了什么样的好处。你的老板由此将得到激励，有两个理由会支持他们继续这样做下去。

首先，每个人——即使是老板——都喜欢得到赞美。其次，你所表现出的热情会使他们将自己这种被认同的情况，与以往可能出现过的各种反应，如沉默或不情愿的服从，或者迟疑不决等情况进行比较。

这里有一个我们最近从一段对话中偶然听到的例子："黛安（谈话者的老板），当你走过来特意感谢我为了及时做出那份报告而连夜加班的时候，我知道你以前也是这样做的，我真的感到自己所做的事情是很重要的。对于付出这种特别的努力，我感觉非常好。谢谢。"

不需要说更多的话了，当这些感激与赞美之情被传达给对方时，双方良好关系的基础就已经建立起来了。

现在我们转到另一个问题：如何能够保护你自己的激情，并对你与老板之间的关系承担起责任，特别是在老板的工作风格与你有些格格不入的时候？

在所有真正的转变中，第一个转变的正是我们自己的头脑和心灵。我们需要改变自己固有的一个想法，那就是我们的工作是用来"评价"老板和"评定"他们的完美程度的，而标准则是就我们自己而言能够感到愉快和满意。取而代之的，就是我们应该平和地接受这样一种认知，即我们应该向他们学习所有我们能学到的东西。

用杰克·韦尔奇的话来说，我们的工作，应该是让老板变得更加有智慧，因为我们是他的团队中的一员。我们必须帮助他获胜，不是因为我们属于共同的利益集团，而是因为这正是对我们自己的角色的定义。这是在我们与企业签订合同时作出的，除了为企业带来价值、提升自己的智慧和能力以及拓展发展前景之外的另一个承诺。

假设你的老板并不是依靠关系、赞助或其他讨好他老板的方式站到现在这个位子上的，那么他很可能拥有某些技能、经历或相关的专业知识。在你的职业生涯中会遇到很多老板，你并不需要崇拜他们中的每一位。你的工作是向他们学习——学习他们能教给你的任何东西。

如果顺利的话，你可以了解自己的老板并不特别擅长的某些领域，从而能够避免学习错误的经验。与其因为老板们的不完美而烦躁与苦恼，不如去发现如诺尔·蒂奇（Noel Tichy）所讲的“适合传授的观点”（a teachable point of view，TPOV）。如果你能够找到老板的适合传授的观点并学会它，你就可以从一个甚至是缺点甚多的老板身上得到智慧和洞察力的提升。

奥马尔曾经指导过的一家大型企业的CFO，在听到奥马尔提到这个对他来说甚为关键的问题时，他露出了微笑。

“你说得很对，”拉尔斯说道，“我的上一个老板是一个大部分时候给人印象不太好的人。但是他懂得如何控制——他能够在最紧张和最激烈的情况下老练地控制住局面。虽然看起来他只会这个，但我却正好在这方面最不拿手。我总是将局面搞得更加混乱。真的希望我能够花一些时间来向他学习如何有效地使用这些方法。虽然我不会经常用得到，但是有些时候，面对董事长、各种合伙人以及重要客户的时候，我知道在这方面我确实有待提高。

我们的工作是相互学习，而非坚持不懈地进行相互评价。如果你能够热衷于学习老板的长处，并且在他比一贯表现做得更好的时候给予认同和鼓励，那么你就能够对这种优秀表现的保持和提升起到积极的促进作用。

通过认同优秀的表现以及善于学习，你将起到引导老板的作用。这同样确保你能够学习其他任何人的长处，而非只能从那些工作风格和优势与你的偏好相符合的老板身上获益。

使用这种方法，不仅能够释放彼此的激情，还能推动自身的成长以及良好关系的建立。

承担起团队发展的责任

同对待你的老板一样，当你希望自己的团队能够更加具有责任感时，首先需要的是你自身内在的转变。作为领导者，你的主要工作不是鉴定和评价员工，而是帮助他们改进。能够理解这一点并以此为基础开展工作，正是优秀的领导者与表现平庸的领导者之间最大的区别。

在准备行动之前，需要提醒你的一点是，实际上我们确实需要判断时间，其中之一就是在挑选你的团队成员的时候，必须精心选择，以保证得到最有能力的员工。你所要寻找的是：适合这份工作，具有正确的工作态度，与企业价值观相符合，可能的话也许还具有适当的、建设性的反传统观念的人。你甚至可以像Whole Foods公司所做的那样，让潜在的团队成员一起参与对求职者的面试。Whole Foods公司之所以会采取这种做法，是因为所有的员工将被分成若干个团队，独立负责店铺的不同部分，整个团队对负责区域需要承担责任，接受评估，并以此为依据得到相应的报酬。因此团队成员之间具有既定和相互的利害关系。

但是一旦其中某个人被挑选进入团队，我们对他的关系就转变为引导。我们的工作就是帮助他发挥潜能，实现目标和获胜。

这里有两点需要注意。首先，评估必须在业绩表现期结束后作出，并且在业绩表现期内，不能严格地按照学习曲线对员工作出判断！实际上，帮助他们尽可能获得一个更加富有成效的学习期才是领导者的主要责任。

其次，领导者必须同样接受评估。在最好的全球性企业中，当你达到一定级别后，如果你直接领导的员工不能被提升到属于他们自己的领导岗位，你就不能得到进一步的提升。那些能够让自己团队中的员工得到提升和发展的领导者，显然对团队中最有能力的员工具有莫大的吸引力。他们对团队成员的成功所作出的承诺具有巨大的激情释放作用。

在里卡多•塞姆勒（Ricardo Semler）实行令人叹为观止的"离经叛道"的异类管理模式的巴西 Semco 公司里，人们没有职位名称和办公室。这个企业提供的是真正的弹性工作时间，并对员工进行了彻底的授权。领导者们必须接受公开张贴的业绩表现评定，评定结果是由他们自己团队的成员们作出的。如果某人的"领导能力满意度"评级持续低迷，这个结果会被公开地贴在墙上。这个领导者会知道必须对自己的所作所为作出一些彻底的改变，或者想办法取得进步。对质疑采取防御的态度，或继续维持糟糕的表现，在 Semco 的企业文化中是不能被接受的，当然这在其他不断进取的企业也是不应该被接受的。

除了将自己重新定义为"人才经纪人"和"成功的教练"，领导者可以担当的非常简单但却富有激情、能够起到业绩培养作用的另一种角色，就是成为"指导树"的一部分。

这种方法是如何发挥作用的？所有领导者都将被要求在企业中分别挑选一名员工，条件是他们相信自己选中的员工的实际能力高于其现在的表现。之后无须官方公布或其他程序，领导者们可以将之作为自己的一个项目，对所选中的员工进行私人培训。他们所要做的，就是在未来的 6~9 个月，帮助这名员工达到一个可衡量的更高的水准。

领导者们将着手开发这些员工的潜力，让他们参与到项目中，并提供各种挑战，以推动其成长；适时地帮助他们明确目标，并对成就给予肯定；致力于对其发展起到积极的促进作用。他们所提供的这些“额外多一点”的帮助，开发了员工的巨大潜力。

当所有的高层领导者都能在一年内完成一到两个这种指导项目的时候，这种方法发挥的作用最大。在这里我们需要的不是“程序”，不是HR的“监督”，也不是“新品投产”……我们需要的，只是直接去做。

一家著名的欧洲银行曾经在奥马尔的指导下使用了这种方法。100天后他们报告说，这个由他们所有高层领导者进行指导的项目获得了令人惊讶的成效，个人主动性的提高，重点业绩的改善和情绪上的积极性像浪潮般席卷了整个企业。

但是令我们感到惊讶的是，每一家企业在初次听到这种做法的时候，都没有迅速地去实施它。而实际上，这种做法带来的影响完全是正面的，它可以改善企业中人际关系疏远的状况，并将领导者们推向潜能促进和培养的角色，这其实也是他们本来应该做的事情。

创造你自己的成长团队

我们最终要承担的责任，是自身的成长和发展。通过为自己授权，建立属于自己的指导网络，我们将向你展示如何快速完成这项任务。你将依靠良好的关系和固有的激情推动这一过程向前发展。

你需要做的，首先是将所有的利益相关者或者可能受你工作影响的人列出来。例如，你的老板，有直接报告关系的员工，其他部门的员工，甚至一些重要的供应商或客户。这里涵盖了所有对你的成就有发言权的人，他们将对你的行为与合作的质量给出信息反馈。

然后，列出你认为利益相关者们最希望你在领导能力、资质、态度和行为上具有的表现。在我们最近与一位金融服务企业的关键领导者的合作中，他首先列出了以下内容："可信赖，精确性，留心细节，积极主动地沟通，有效解决问题，无防御性地接受信息反馈，对成就给予承认和感谢，热情且精力充沛，行业知识，快速解决问题的敏锐。"

在此基础上，Sensei 的人员要求他从中选出最易造成摩擦与关系不合的几项，于是他按顺序挑出了"积极主动地沟通"、"无防御性地接受信息反馈"以及"留心细节"。

然后他从自己的利益相关者里挑选了三个关键人物，并将以上内容与他们分享，以检验自己的选择是否正确。这三个人对他的选择给予了肯定，并对他付出的努力表示了极大的热情，尽管有些评价过于直率与尖刻（暗示他早该作出这样的尝试）。我们所有人都是时候作出这种尝试了，不是吗？

一旦你选定了自己需要改进的部分，接下来要做的，就是与利益相关者里具有代表性的几位进行沟通。你可以选择一些热心的追随者，一些跟你关系一般的人，以及一些能够对你持坦诚的批评态度的人（例如对你要求严格，但当你做对的时候同样会支持你的人）。你可以这样与他们进行沟通："我需要占用你 5 分钟时间，因为我非常希望能够提高自己的领导能力，但是我现在所能得到的信息反馈，并不足以产生我想要的影响，因此我挑选了三个最重要的方面。你能否就这三方面内容，当然也可以是全部内容，为我提一些建议？真的非常感谢。"

这时候可能有三种回答。

1. 他们会为你提建议。你需要积极地倾听，并向他们解释你所理解的内容，以确保你真正明白了他们的意思，当然还要感谢他们。马歇尔•戈德史密斯就曾经强调过，当你要求别人提供建议时，没有其他的反应比这更适当了。

2. 他们会觉得你有些古怪和可笑，并猜测你背后的目的是什么。如果是这样，你需要向他们解释为何你挑选了他们作为关键性人物，并重复你刚才的问题，表示你非常乐于接受他们提出的可能对你有用的建议。大多数人此时至少都会提供给你一些信息。

3. 第三种可能就是，他们也许会说自己需要一些时间来考虑。这时候你需要与对方约定时间以继续这个对话，并按照约定主动与对方联系。

之后每个月，你都可以自然而然地与他们进行这种交流（不要设定一个固定的时间表，因为这会让所有人感到麻烦和不太愉快），你只需要对他们说："还记得上次你就 X，Y 和 Z 给我提的建议吗？我真的感到受益匪浅。你觉得我现在做得怎么样？"

无论他们的回答是什么，你都可以要求他们给出一两个更确切和具体的例子，以保证你能够真正理解他们的意思。然后你只需说："我现在已经在着手做这项工作了，你有什么进一步的建议吗？"

如果你能够将这种沟通坚持下去，有三件事情会发生。第一，这种沟通会逐渐变成一件自然而然发生的事情。

第二，其他人会意识到你真的打算实现这个目标，只要你能够坚持要求他们帮助你，甚至按照他们提供的建议去行动，他们对你的信任就会加强，你周围的整体关系都会得到改善。让别人相信你的最好的方法，就是让他们来教你些什么或对你能有所帮助。

第三，他们会注意到你所付出的努力，你会因此得到更好的建议，同时你很有可能因为自己所作出的承诺与贡献、表现出的谦虚的态度以及坚持不懈的精神而获得更好的声誉。

请记住，因为他们是利益相关者，他们对你做得如何已经有了自己的看法。因此唯一的问题就是，你能否在这个交流与学习的过程中保持冷静的头脑并做到深思熟虑，而不是在面对挑战时表现得情绪化和脆弱。

一旦你发现最初所做的几个选择是非常合适的，并且大部分人承认你确实取得了一些进步，那么在这些建议的基础之上，你就可以自然而然地进入第二个阶段的自我改进。在这一阶段，你会发现沟通变得更加自然了，它几乎成为了习惯性的行为，而不用你刻意去记住它。

另一个意外收获就是，其中一些利益相关者，甚至会开始向你提出一些类似的互惠的问题，以改进他们自身的工作状况。

在前面我们曾提出建议，与跟你合作的任何人进行有关共同成果的信息分享。现在你与这些利益相关者之间，就可以使用这一方法。

当然你还可以更深入、更广泛地使用它，因为你将与利益相关者们分享具体的信息并力图达成一致。如果你的工作将对其中某些人产生关键影响，你就可以邀请他们成为你的指导合作伙伴。然后通过上述方法，他们会对自己受到邀请感到十分高兴，并且很有可能会相应地提供更多有益的建议。

但是如果碰到这样的情况：你确实需要让某个关键人物成为你的指导合作伙伴，与他进行有关共同成果的信息分享对你来说也是必需的，可是他对你的邀请却没有什么反应。这时应该怎么办呢？

此时你可以应用我们更早提到的一种方法：聚焦可能性。

奥马尔曾不得不对一名企业中层领导者进行指导，这位领导者惹恼了另一个部门的一位同事，并引起了对方强烈的反感。因此即使在工作中出现问题时，他们两个如果不是被逼无奈，也不会进行沟通。不足为怪的是，当他们中的任何一个看到另一个出现时，都会表现得焦虑不安，肾上腺素大量分泌——他们之间确实存在着棘手的问题。

通常，在这类引起对方反感的案例中，对方反感的原因之一来自于我们对对方产生的后续情绪："你只会吹毛求疵和责备，从来没有承认过我和我的团队做出的成绩，你只会无视我们的努力。"

因此我们必须先消除这种观念。这也为聚焦可能性打开了一扇门。奥马尔指导这位名叫汤姆的领导者去和他的同事进行沟通。汤姆说："阿里，我意识到自己从未在你和你的团队出色完成任务的时候表示过什么，虽然你们经常做得很好。非常感谢你们总是能按时把产品交给我们，并且满足我们每一次临时更改的要求，我知道做到这一点不容易，真的谢谢你们。"

阿里非常惊讶。"你到底想要什么？"他没好气地问道。毕竟，按照习惯，他仍然把这当做一个骗人的招数，其背后的目的只是为了提出更加过分的要求。

按照奥马尔的建议，汤姆并没有提出任何要求，他只是说："作为你的同事，我希望做得更好一些，并且能和你分享一些赞赏。回头见。"说完他就走开了。当然他用不着待在那里制造一个二流的精彩瞬间。他把要说的话都说完了，然后就可以继续前进。

史蒂芬•柯维（Stephen Covey）曾讲到给你自己或其他人的自尊心账户充值。实际上当你习惯性地激怒他人时，对方也会以同样的方法对待你，最终的结果就是双方的自尊心都受到伤害。这个自尊心账户和你的其他账户一样，如此对待的结果就是最终失去偿还能力并形成赤字。

为了积极主动地进行储蓄，我们需要建立良好的关系。一旦自尊心账户恢复到合理的健康水平，一点小伤害对我们来说就不足以构成大威胁。

在下一次团队会议上，汤姆当着老板的面提出了他早就注意到的阿里和他的团队最近所完成的一项富有成效的工作。在场的每个人都被惊呆了。汤姆知道，想要安抚自己紧张的神经，唯一的方法就是去称赞对方确实值得称赞的工作表现，因此现在他感到轻松了。他的称赞不是虚伪的，他是在努力恢复他和阿里之间的平衡关系。

在经历了相当长的对相关具体问题争执不休的时期之后，当汤姆在会议后一周面临着一个新的问题时，他直接找到阿里，对他说："阿里，你知道我正在致力于学会对你和你的团队的优点表示赞赏和感谢。是的，我作出了改变。现在我自己的团队面临着一个问题。过去你我总是在这类问题上进行无意义的争执，并且我相信自己从未得出过什么有用的结论。这一次我真的需要你的帮助。"

这样坦诚地说出自己的需要，为过去的不良沟通和所造成的影响承担起责任，并引导双方的关系向好的方向发展，使汤姆与对方开始了真正的沟通。

两人第一次一起走进汤姆的办公室喝咖啡，并闲聊了一会儿，这种做法很快影响到了他们各自团队的成员。起初大家对此表示怀疑，因为无法想象他们两个居然能够一起喝咖啡、聊天，甚至还说几个笑话，但很快所有人都明白了：现在要做的就是停止团队之间的争斗，一起努力完成任务。

这种做法是否总是有效？不是的。有些人会习惯性地不让步，或者把他们心智上的不成熟全部表现出来。

但是如果遇到了这样的人，那么请让对方自己去证明，我们并不能事先对此进行假设。按照我们的经验，大多数人确实不能在自己烦恼或使其他人烦恼的状态下良好地完成工作，就像我们前面提到过的那样。我们必须确保自己的行为方式能够带来更为舒适的环境。

使用这个激情释放因子

责任承担的缺失会使我们失去潜在的激情。通过使用这个激情释放因子，我们可以对未来目标承担起责任，并通过快速形成初步方案激发创造力和鼓励合作。我们学习了如何指导你的老板，并同时向他们学习有益的知识。我们不再做指导效果的评估者，而是去创造一个使我们拥有更高的效率和更大影响力的强有力的指导团体。

激情和意义都与承诺相关。对结果和建立关系敢于承担责任，我们就拥有了最佳的、目标明确的承诺。只有这样，我们才能够引领自己和其他人更强有力和充满激情地前进。

第 10 章 激情释放因子之七：保持活力

为了使自己激情焕发、目标更加明确，我们需要一些能够保持活力的习惯。换句话说，就是需要能够使激情、能量和热情放大的思维方式、行为方式、沟通习惯，以及与周边环境在情感上相协调的能力。此外，如果不想让激情成为你努力奉献（包括工作和私人生活）的牺牲品，我们还需要更好地处理自己和时间的关系。

让我们从活力开始讨论如何做到两者兼顾。也许最简单的方法就是遵守我们给你的 20 条规则，这些规则来自过去 20 年我们在全球范围内所做的有关领导力的咨询和指导经验。

如何放大活力

规则 1：了解生活才是最重要的

商业经营只是我们无限丰富的生活的一个方面。你会发现，了解这一点有多可贵。当我们将生活视为至高无上的最主要的实际存在时，我们就能够巧妙、果断、富有想象力地作出选择。我们会主动地设计自己想要的生活，而非被动地接受各种外在因素带给我们的影响。也许你偶尔会受到一些影响，但是一旦你决定了要把握自己的生活——至少是当下的生活——让它向着你所希望的方向发展，我们就能够更好地把握当前的发展趋势。

规则 2：了解自己完成各项任务的最佳时间

如果你不是一个喜欢夜生活的人，那么你就能够扩大自己所拥有的神圣不可侵犯的家庭生活时间和私人时间的价值。你可以利用早上的时间锻炼身体，或在一天的工作开始之前先处理一些重要问题。也就是说，你可以在一天能量最高的时间段去对付最难完成的任务。

并且一旦有可能，你就要找地方给自己充电，或想办法取得“领先”。例如，某个周末你感觉自己精力充沛，而家里的其他人则正好为某些事情忙碌着，这时候你可以去处理一下搁置已久的重要项目，或者按照之前的打算蹬三个小时的自行车锻炼身体。与此相反，当你在某个工作日的下午感到疲惫的时候，可以去做一些日常的公司杂务，而不要勉强自己钻研那些令人头疼的财务分析表。你甚至可以稍微提前一点回家，让自己得到充分休息，然后精力充沛地迎接第二天的工作。

领导者们需要管理好自己的能量流，这样才能最好地实现自己的目标，并充分发挥自己的能力。

规则 3：认识到对于你真正想要做的事情来说，时间永远是充足的

不要轻易地拒绝那些对你来说很重要的人或项目，特别是当你只是在例行公事般习惯性地说“我没有足够的时间”的时候。“我没有足够的时间”意味着这件事对我来说不是要优先考虑的

事情，它不是那么重要。

让自己能够对真正重要的人或事说“是”的秘诀，就是要清楚地了解自己最重视的是什么，无论就个人而言，还是出于职业上的考虑。

领导能力与自我了解的清晰度紧密相关。时间分配必须要与自己心目中真正的优先顺序保持一致。当你发现自己总是在说“我只是没有时间”的时候，问问你自己，“如何才能更深入地理解这件事情的重要性？”一旦你能够承认它的重要性，你就能够找到时间，并找到解决它的方法——对于真正重要的事情，我们总是能够做到的。

规则 4：不要轻易用“数量”而不是“质量”来评判你的生活

用来做事的时间长短，不如你能够在其中投入的热情、关注和作出的承诺来得重要。完成一个项目所花费的时间，相对于专注力和关注力的质量来说也是次要的。同样，有多少个夜晚你能够按时回家陪伴家人，不如与家人之间实现真正的沟通、互动和情感培养重要。甚至在游泳池里无精打采地游上 60 分钟，也远不如目标明确、精神集中地进行 20 分钟有氧锻炼更有效果。

如果你不能够专注，就会在很少量的事情上花费很多时间。如果你目标明确，你就能够尽情享受这一过程，并且充分发挥出自己的能力。

在个人关系上，请记住时间不是问题，重要的是影响力。享受对话，专注于你们交流的内容，你就能够创造美好的记忆。如果只是日复一日地忙于“控制自己的地盘”，你只会越来越感到厌倦与无聊。

在工作关系中，请记住，没有人会仅仅评估时间的长短，他们重视的是自己能够获得的价值，以及价值的进一步扩大。领导者应懂得相对于付出时间的长短来说，结果是更为重要的。

规则 5：摆脱永远感到不满意的状态

永远感觉到苦恼或不满意时，你应该意识到，确实存在着一些“错误”，但这错误在于你自身。如果你在生活中永远感到不满，那么你或者是一个拥有超凡能力的天才，在洞察力和敏锐度方面远远超过别人（如果是这样，我要向你表示祝贺）；或者是一个将对自己某些方面的不满意，不适当地向外界表达的人。如果你是前者（我想我们都同意，很少有这种情况），请将你不满意的情绪转化为帮助其他人成长的动力。如果你是后者，请花一些时间来抚慰自己内心的伤痛——能完成这项任务的人只有你自己。

领导者们需要像质疑其他人一样质疑自己。他们知道这种长期的情感上的伤痛，就如同“起床电话”一样，呼唤我们对生活中最不愿触碰的某些部分作出一些改变。

规则 6：欣然接受挑战

当面临适度的压力时，我们能够自然而然地“专注于其中”，人们常常把这种状态形容为“顺畅”，此时你将表现得十分出色。

换句话说，当你面对的挑战不足的时候，生活会变得平淡无奇，而你也会感到无聊。

但是当挑战明显超出了我们当前的能力或经验范围时，我们又会感到害怕，并往往会被压制。这两种状态都会对我们的表现起到反作用。

我们需要足够的挑战，使自己保持清醒和警觉，并体验到对自己有益的紧迫感。我们还需要足够的冷静与沉着，以保证自己在面对挑战时，能够制定出合理的解决方案，或至少取得部分成功，以便利用这次的经验为下一个目标的实现作出显著的改善。

因此，当你感到无聊时，请接受更多的挑战。如果因为害怕而停滞不前，你可以去寻求他人的指导以及额外的支持，引导自己通过某些方法得到帮助。让我们成功地提升自己在适当压力下应对挑战的能力。

领导者们需要消除不必要的压力，使自己能够在应对有益的挑战的过程中不断成长。

规则 7：偶尔问问自己“我学到了什么”

总是让自己拥有想要阅读的书，或想要与之交流的人（当然也要看具体情况），并且在灵感突然出现的时候捕捉到它。

判断自己能否交出一份满意的成绩单，你只需询问自己：“这一年我掌握了哪些去年还不太理解、不太清楚的知识？”如果你的回答是深刻感人且有见地的，那么你这一年的思考、阅读和沟通交流一定是富有成效的。

在灵感或创意方面，可以看看你自己完成了多少项目或采取了多少新举措。但是请注意，我们在对这方面内容进行评估的时候，必须寻找那些由你主动发起、推动并最终得以完成的事情，当然在必要的时候，你也可以邀请其他人参与进来。如果你所完成的这类事情的数量和作用都有所提升，那就说明你的领导影响力的确得到了提升。

领导者需要持续地学习，并推动自己不断向前发展。

规则 8：不断接触新事物，对旧的事物则心怀感激与赞赏

每一年都尝试收获一些新的经历，使自己变得更加生气勃勃。每一年都去再次体验一下那些自己最喜欢做的事情，并学会充分体会其中的乐趣。

让我们首先来看看新的经历包括什么。例如初次尝试滑雪，或者作为有经验的滑雪者体验一下新的山谷的感觉。也可以过一个与以往完全不同的假期，或者读一些从未接触过的书。投身于新的文化体验中。学着品尝葡萄酒，或来自世界各地的茶叶。与比你年轻或是年长得多的人进行交流。启动一项投资计划，等等。可以是任何事情。

另一方面，让我们看看那些自己最喜欢的，但是需要细细品味其中乐趣的事情。如举办家庭聚会，探索如何能够让每个参与者都真正享受到快乐。看自己最喜欢的电影，同时关掉手机，自己做爆米花，整天都穿着舒适的睡衣待在家里。徒步旅行，与你最喜欢的人一起，沿途停下来欣赏周围的美景。

领导能力是有关创新和提升他人与商业经营价值的事情。如果一个人不懂得如何赋予自己新的活力，那么在他面对自己的团队和市场大讲特讲恢复活力和赋予创造力的时候，无疑会显得有些“装模作样”。同样，如果一位领导者不懂得对那些已经取得的成果和付出过努力的员工以及掌握在手中的机会表示感激和赞赏，并进行更好的利用的话，他通常不会有令人满意的表现——因为他不能让已有资源的作用最大限度地发挥出来。

领导者需要时刻改造自己和周围的环境。这使得他们能够从自己已掌握的优势、能力和关系中，得到比大部分人所能想象的更多的价值。

规则 9：常怀感激之心

环顾一下你的生活。你会发现，各种各样的人曾经帮助过你，尽管他们可能不知道自己对你来说非常重要，或者你对他们的评价很高。花些时间让他们知道这些。你不需要送出什么礼物或者感谢卡片，尽管他们会因此非常高兴。你可以为此投入一些时间，为他们提供帮助，给予引导，或分享一次特殊的体验。你并没有必要对他们解释，“我做这些是因为……”

只要去做就可以了。他们自然会得出自己的结论。如果你总是把慷慨与行为的某些“理由”联系起来，那么你所建立的只是一种等价交换和有条件的关系。请带着感激的喜悦去做这些事情，而非作为关系中的一种报答。拒绝解释“为什么”。你将有超越理由的更丰富的收获，并建立起相互之间的真挚情感。

如果我们能够去考虑如何提高那些我们所重视的人的生活质量，如果我们能够扩展自己的视野范围，将这样的价值带给更多的人，我们就能够开启感激、相互理解和共同承诺的高效的良性循环。

领导者无论走到哪里，都要创造出自己的团队、同盟者和合作伙伴。

规则 10：说出你必须要说的

如果你隐藏自己的敌视、愤怒、烦恼和痛苦，那么这只是虚伪，而非领导能力的表现。不管怎样，你首先需要在自己一个人的时候大声地喊出来，发泄，平静，然后将你对别人的希望和要求告诉他们。

当你这样做的时候，请记住，情感与意愿是有区别的。

你必须要将你所感受到的以及你真正的意愿表达出来，但是不要做带有完全确定性的陈述，而要留下足够的余地，让他人对此提出有益的质疑。不要把自己的个人意见当做事实强加于人。

杰出的领导团队是建立在信任的基础上的。当信任存在，一切都会进展顺利。因此当领导者认为应该将自己的感觉和想法说出来时（不一定是他们的第一反应），他们会确保能这样去做。当然他们也希望并鼓励其他人也能够这样去做。

规则 11：享受当下

让你自己确实地在这里，即当下（不是其他的时间或地点），这可以帮助我们巩固前面提到过的第 4 种保持活力的习惯，并且适用于生活的方方面面。

不要在与家人一起吃早饭的时候，只顾埋头看报纸。不要在参加孩子的运动会时，把全部时间都浪费在手机上。不要在亲吻你的爱人的同时，计划上午的演讲内容（反之亦然）！

当你在对他人进行指导时，真正专注于指导的内容，而不要去注意文件柜上映照出来的自己的发型。当你在准备一份书面沟通文件时，确保全面地将沟通内容和重要性传达给对方，而不要竖着耳朵去听旁边最新的足球比赛得分。

当你在休息时，就要真正地休息！如果你正在做水疗，就不要去回想刚才与客户的对话。当你的思维从这次对话联想到下一次的时候，你的注意力已经不在休息上了，你忘记了自己是因为压力过大和精疲力竭而来这里放松的。

规则 12：给自己充电，重新获得力量

挑选一些对你来说重要的事情，每周至少做几次。不一定非得是什么崇高的、能够创造社会价值的事情。只是一些能够给自己充电，使自己重新获得力量的事情。比如某种业余爱好，喜欢看的电视节目，在沙滩上散步，或者在家里放平双腿看看周日漫画杂志。当你在享受这些活动时，让自己确实专注其中。时间多长并不重要（第 4 个保持活力的习惯），你的专注力的质量和能够保持下去的热情才是最重要的。

领导者需要懂得照顾好自己，这样才能照顾好整个企业和团队。

规则 13：挑战那些导致无效率的事情

列出一张单子，写下生活中 6 件令你恼火的事情：杂乱，烦恼，反复爆发的不良情绪，等等。每个月试着解决其中的 1 件，当你在 6 个月之内逐渐将它们从你的生活中赶走，或能够更好地处理它们，或至少能够让自己更有效地进行工作时，无限的能量和创造性就被释放出来了。

这里有一个例子可以帮助你有更好的理解。奥马尔的一个同事告诉大家他要发疯了，因为洗衣店的人用订书机将识别标志订在他的衣服上。当他匆匆忙忙抓起衣服时，这可能会造成一些身体伤害，或者损坏衣服。在他为此生气和诅咒了近一年之后，对洗衣店的服务人员说："请你们换一种方法，不然我就不在你们这里洗衣服了。"他还向洗衣店出示了之前 12 个月的发票，他总共在这里消费了 1 000 美元。他现在从洗衣店得到了安全别针！他得到了自己所寻求的便利，洗衣店也成功地留住了这个客户。这看起来是一件琐碎的没有价值的小事。但是当很多这种不必要的、不合理的小事出现在生活中时，其造成的影响是相当大的。正如我们所住的房子，这个让我们获得内心宁静的基础，有时候白蚁甚至比龙卷风更容易让它倒塌。

领导者需要知道如何清理这些垃圾，并挑战那些导致无效率的琐事。

规则 14：主动与他人建立联系

与关键的服务人员，特别是那些可能对你有所帮助的人建立良好的私人关系。这其中包括银行出纳员、航空公司职员、饭店前台服务人员、服务生和客服人员，等等。让他们知道你"注意"到了他们。以你特有的方式与他们交流，例如，可能的话直呼他们的名字。使他们感受到自己是你所寻求的能够提供帮助的最专业的人。当他们认为你是一个很有人情味、通情达理的人时，会愿意更加努力地为你提供帮助。即使他们暂时做不到，至少也会为你留心寻找较好的解决方法。因为没有人会放弃自己已经给他人留下的好印象。

不要等待这个好印象的产生，你要从一开始就给他们打出“A”的成绩，然后让他们自己去证明你是正确的。

如果有些人完全表现出不合作或无动于衷的态度，那么你需要表现得更加热切并坚持你的要求，永远不要变得粗鲁和无礼。语气更加强烈地将情况尽可能地表述清晰。如果你的直接需求没有得到满足，可以要求其他一些具有补偿作用的服务。但是某些人可能依然会对你的要求无动于衷，他们或者会将情况直接报告给老板，或者将你列入不受欢迎的客人名单，以便更容易地对付你或忽视你的存在。

不管怎么说，这种权宜之计引发了相当多的负面影响，因此不要将你自己经常置于这种状况中。实际上，你会发现除了很少的一些特例之外，几乎在所有的情况下，当你主动与他人建立联系时，他们会同样回报给你。

这种练习可以帮助领导者与关键人物建立联系，并调动他们的积极性。在认为他人具有善良本质的前提下主动进行沟通，然后以建设性的态度加强你的语气（但不是敌对或粗鲁无礼）是其中的关键。

领导者能够很容易地做到让别人乐于帮助自己，他们会施加适当和有益的压力，以激发他人的创造力并促使约定的形成。

规则 15：创造机会

有些时候，我们不得不拒绝某些事情。但是如果别人为我们提供了确实有价值的想法，那么我们需要为对方提供其他选择。

这里有两个例子：

“我很抱歉这周不能和你见面，因为我正在旅行。我们能不能在这周找时间进行一次视频会议，或者今天先在电话里谈一下呢？当然也可以在未来两天通过 Email 交流，或是在本月之内安排另外一次面对面的沟通。”

“我很愿意回应你和你的团队的请求，但是我担心如果这样做只是为了你自己的团队考虑的话，它是否会成为被其他团队效仿的一个先例。你是否能够为其中的价值考虑和公平性问题给出充分的理由？也许在这种情况下，我们可以为各个团队提供以业绩为基础的激励政策来促进这项任务的完成，或者也许能够找到另一种合适的方式来回应你和你的团队的关注与需求？”

寻求多种选择，并要求他人与你分享问题所在，以便找到最好的解决方法。

领导者需要创造机会，而非无可奈何地接受已有现实。

规则 16：提高旅行时间的价值

聪明地利用你的旅行时间。如果你常常要乘飞机旅行（就像我们一样），那么把每一次旅行的时间都当做机会来把握。如果你需要身体上的放松，可以用这段时间来补觉。如果你随身携带了很多未看过的资料，那么可以进行大量的阅读。如果你一直苦于没有时间对某些事情作出回复或开始一个新项目，那么现在就是你完成这些任务的好机会。

补看那些你曾经错过的电影（通过现成的设备，或者用你自己的笔记本），认真思考自己的人生目标，真正地休息和放松。在飞行时间里做一些你在地面上没有时间去做的事情（哪怕只是计划一下）。这样会帮助你在面对最需要能量和专注力的人或事的时候，将它们释放出来。

领导者们能够灵活运用看似无法使用的时间来实现他们自己的目标。

规则 17：创造属于自己的庆祝方式或传统

每年做一些小型旅行。可以利用周末，或是其他你真正计划用来旅行的时间。你需要为此做一些准备，与那些将与你同行的人分享共同的信息，以帮助你们在旅行中能够有所收获。如果一年中能够实施至少一到两次这样的旅行计划，你得到的收获绝对要比千篇一律的生日会或者按照固定程序举行的季度庆祝多得多。

当你创造属于自己的庆祝方式或某种传统时，你必须完全按照自己的意愿来做。你要为庆祝定一个主题，不要让它变得漫无目的。奥马尔和他的夫人莱斯莉，将他们在普罗旺斯郊区的中世纪小村庄的 6 日徒步旅行作为每年一次的朝圣之旅。在这里，他们可以重新与生活沟通，探索生活与领导力的目标，并确保自己向着期盼的目标迈进。他们确定这里的风景、环境、历史和一切，都能够赋予和激发他们的灵感。

这现在已经成了他们的一个年度惯例，作为对过去一年经历的感谢和总结，并迎接新一年的开始。对他们来说，这比选择在每年的 1 月去滑雪要有意义得多。

作为 Sensei 的两名合伙人，同时也是生活上的伴侣，奥马尔和莱斯莉实际上每周都要在不同的国家旅行。因此，他们更喜欢将这种特殊旅行的地点固定下来。但是其他人可能在某一个地方住了很久，碰到这种特殊的旅行机会时，他们会更愿意选择一些新的地方。

决定你要去的地方和旅行的时间。在某种程度上，尽量将日程安排固定下来，不需要非常精确的日期，但是应该大致保证安排在每年的同一段时间，这样会使你的日程表更加清晰。你不是必须要去法国或什么地方，你可以按照自己的想法来安排。例如你可以选择与印度导师一起合作（作为朋友，我们每年都会这样做），或作为志愿者为某个慈善组织工作一周。你也可以去整理和装饰一下自己的花园，或花一个周末学习如何使用木筏。你可以与自己喜欢的人一起野餐，分享一些感受。你可以做任何你想做的事情。

如果你听到内在声音在批评自己“我没有时间干这些”，请记住，从周末的计划开始进行尝试，然后将这种自由的选择扩展到你的生活中，你可能会因此拥有更多的选择和机会。

领导者们会为自己创造各种有意义的、充满可能性的机会。

规则 18：邀请他人与你共同合作

有时在你与对方交谈时，确实需要引起他对某些方面内容的注意，但你们的对话进行得不那么顺利，你甚至感到有些恼火和情绪低落，这时你可以尝试下面我们为你介绍的方法。利用一个引人注目的停顿……停止喋喋不休，并引起对方的注意。

然后你要注视着对方的眼睛，让他明白你接下来要说的确实是非常重要的事情。当你再次开口，请稍微提高音调以示强调。告诉他目前最重要的是什么，分享你的个人感受，而非作为确定的事实。邀请对方与你一起探讨，并就你们共同的关注点给出下一步的建议。如果你能够参考我们之前提出的为根本性对话作准备的一些建议，会帮助你更为有效地达到目的。

确保你在倾听的时候与讲话的时候一样专注。如果对方考虑的是一些偏离你所提出的想法的意见，请表示理解，并向他重复你所听到的内容，然后有礼貌地向对方表示你希望他能够关注你提出的想法，至少是在开始阶段。然后你们可以继续相关话题。

当他们谈及你所提出的问题时，尝试倾听对方话语中的一切

“可能性”，保持清晰的头脑和诚恳务实的态度，并以行动为导向。你表现得越茫然，对方的目光可能就会变得越无精打采，或者说他们会变得更加理性（相对于充满激情和决心）。

不要试图去总结和推测，你需要的是信息反馈。你可以这样说，“我非常感谢你能听完我要说的话”，而不能说，“你从来都没有好好听过我说什么，你只是想打断我并说出你想说的。”

这样表达也是比较好的：“我担心的是我们之前共同作出过承诺，但是就我所知，你那边并没有兑现，并且你也没有告诉我原因。我们怎样才能更好地完成它呢？”

但这样说就很糟糕：“你总是不兑现自己的承诺，我不知道是否可以相信你，你为什么从来都不让我知道原因呢？”

领导者需要与他人建立联系，主动进行沟通，发出邀请，并引发双方共同的行动。

规则 19：自我提高

为生活的某些特定内容作好思想准备，包括体验生活必然为我们带来丰富性和多样性。在某种程度上，学得越多，我们的经验、想法、情感和可能性就会变得越丰富。

比如，每个人都应该读一下约瑟夫·海勒（Joseph Heller）那部描写荒谬战争的作品《第二十二条军规》（*Catch 22*）。如果你住在河内，可以去富丽堂皇的歌剧院体验一下西方古典歌剧。通过阅读经典歌剧的歌词（例如，米尔顿·科洛斯（Milton Cross）和卡尔·科尔斯（Karl Kohrs））来理解歌剧的内容，从而使你不会坐在现场一心盼望托斯卡赶快跳下高台来加快演出进程。了解更多关于你所游览的地方的知识，能够帮助你比看到的获益更多。在晚会举办之前用更多的时间来思考一下，如何为你邀请来的人们创造更为舒适的条件、氛围、更好的美食甚至是晚会的节奏和进度。

在重要的会议或见面之前，思考一下它为何要进行，希望实现的目标是什么，自己如何能够以合作而非表演的态度来为之作出一些努力。这些无疑会影响到你所做准备的质量，以及你的专注力、责任心、合作的态度和推动任务完成的热情。

领导者们要随时培养自己的学习和鉴赏能力，以准备吸收生活中的精华。

规则 20：全力以赴，接受结果

当你代表他人参加某些活动时（提供服务，主持会议，发表演讲），一定要提前到达。作好精神上的准备。调整你的情绪而非只是思想。考虑两到三个你要传达给别人或希望别人清楚无误了解的、或是要发表的最重要的内容。将最好的状态发挥出来。用自己的热情来感染他人，以提升价值。保证你所做的是为了"他们"，而非你自己。全力以赴地让自己进入状态。

然后回到家，忘掉这一切。没有任何事情可以影响到你的自尊。一段时间后，再回想一下，并看看下一次如何能够做得更好。

全球文明化进程并不会取决于这一次的表现、演讲或是会议。如果你认为它有这样的作用，那么你就会束缚住自己，感到窒息，并失去创造力。放眼于未来发展，并将这次经历当做一次成长和努力的冒险，这样就可以了。

我们需要时间和空间来保证自己在情绪上调整到最佳状态。领导者们利用每一次这样的机会来学习并提升自己的价值。

按照这 20 条活力建议来做（当然还要根据你自己的情况），生活质量会得到改善，工作也将进行得更加顺利，你将学会感激和欣赏，懂得付出，甚至得到一些自我扩展。不可能有比这更好的志向了！

这些激情释放因子是确保激情杀手无法起到最终决定作用的另一种方法。

应对时间上的考验

利用上述保持活力的习惯的最好方法，就是不仅要亲自尝试，还要和你的团队分享。鼓励你团队里的每一个人列举至少一项、不超过三项与上述习惯相关，曾在他们的生活中出现过，现在需要改进的地方。

如果每名团队成员能够有意识地在每个季度以一到两个活力习惯为目标进行改进，释放出的能量和激情将是巨大的。

我们建议你下一步就解决时间上的问题。因为保持活力的习惯是刺激和释放能量的基础，而时间问题则是如何最佳地利用这些能量的关键。

这里有 10 个我们已证明有效的建议。

1. 列出一张“不去做”的单子。从里面挑选出两项你有能力影响和作出改变，浪费了自己的时间和能量并且毫无价值的事情。如果每个季度能解决这样两个问题，那么随着有效行动的实施，能量和热情将开始增长。它可能是一个无意义的会议，一份被盲目要求作出但却毫无价值的月度报告，一个冗长的耗费精力的流程，或是反复发生的因为没有抓住根本原因而无法解决的客户投诉。如果你找到了两个影响重大并且已经持续了很长时间的问题，但自己却没有能力解决，那么请你考虑一下谁能够对之作出具有影响力的改变策略。你需要找出通过这次改变能够实现的与他们相关的利益，并向他们说明如何可以更好地实现这一目的。记得一定要从对方的利益角度出发谈论这件事。

但是不要表现得自作聪明，或是带有优越感地与别人分享这一“真理”。你需要帮助他们“认可”这项建议，必要的时候，还要帮助他们准备有关这一突破的动员演说。

2. 参与关键沟通，并引导出你所希望出现的对话。如果有人说“现在还不是时候”，你可以有礼貌地询问他什么时候才是更好的时机，然后继续跟进。通过这样，你可以建立一种有效的方法，使对方作出实际的承诺（如果你能够做到的话，也可以使用一些策略性手段），并促进目标的达成。

这种做法与我们前面讲过的内容并不相悖。我们只是在建议你选择最有效、最合适、最具建设性和说服力的沟通方式来引导每一次会议。我们有 5 个理由提出这样的建议。

- 你将为此感到开心和愉快。
- 你将会对每个人有所帮助。因为你很可能并不是唯一一个认为应该提出这些问题的人。
- 如果你的领导者是有勇气和斗志的，他们会重视你的想法。
- 你可能会不再被邀请参加某些不以实际推进作用为目标的会议，但这没有什么实际影响。
- 你会变得更有活力，你的能力、专注力和能量都将得到提升。

3. 当你接到别人的电话时，在表现得令人愉快的同时，需要让对方了解你的关注点和时间安排的界限在哪里。

“嗨，苏珊娜，现在有时间吗？”

“当然，约翰，我的下一个会议在十分钟以后。我可以帮你什么吗？”

不要表现得粗鲁无礼或者过分殷勤。你只是要让别人清楚你究竟有多少时间可以用来帮助他。

生命就是时间，浪费掉一点，你就会浪费掉更多。如果你能够对时间产生适当的紧迫感，你将会获得更加充裕的时间，例如在你自己已经选择好的时机出现时，你完全可以把手表扔到一边，投入到自己的事情当中。

非常有趣的一点是，让他人清楚你的界限，反而帮助他们考虑得更加周密，表达得更加简明，并且让他们的思考更富逻辑性，从而能够提出清晰的要求，并作好行动的准备。

同样，在给别人打电话时，你也需要询问他们目前的时间安排，并告诉他们你自己合适的时间。“葛柏，我需要 30 分钟和你讨论一下如何打破这个项目的僵局。你现在有时间吗？或者这周之内你什么时间有空？”

这比随便要求某天一起喝杯咖啡聊一下好得多，因为模糊的要求通常会导致沟通被无限期拖延，虽然这件事会一直在思想中间歇性地困扰你，直到最后危机真正发生。

4. 不要让你的时间总是被“必须要做”的事项填满，你的日程表上应该列有“选择去做”（对未来发展采取主动出击的选择，如我们前面提到的）以及“如果可以的话会去做”（值得去做，但目前可能不是重点或影响力没有那么大）的事项。那些确实远离我们的目标，或只是起到“维护保养”作用的任务，在被迫拖延或搁置的时候不会让人产生太多的负罪感，当然最好是你能够将之委托给其他人处理。但是当你面临某些紧急状况时——这种情况其实经常发生——你就可以毫不犹豫地牺牲那些列在“如果可以的话会去做”里面的事项，这样就可以保证前两类任务得以完成。

保证“必须要做”的任务得以完成是毫无疑问的。但是每天推进那些“选择去做”的事项能够帮助我们在自己所选择的具有重要价值的领域里取得明显的进展，这一点是领导能力的精髓。

5. 当你因为其他各种事情占用时间而无法着手进行一个重要项目的时候，试试下面的方法。花 30 分钟，用最快的速度尽可能取得一点进展。作出一些判断，写下最初的草案，并勾勒出其中的重点。这样你可以让你的团队成员或其他同事就这份草案提出他们的看法和建议，从而继续推进这个项目。也许他们必须与你再次讨论才能完成这个项目，但是利用这 30 分钟，你至少让他们能够开始着手做这个项目，并从而取得一些进展。

当项目再次陷入停滞状态时，再次拿出 30 分钟进行闪电战。确保你已掌握了所有必需的人力 / 资料 / 信息，以便能够作出关键性的决定，为其他人提供指导，以推动项目的进展。

这种“30 分钟一段”的方法比起寻找半天的时间甚或几个小时的时间要容易得多，实际上，通过这种方法，你可以清除工作中的任何障碍。

6. 如果你是一位承担全球或区域责任的主管，当你下次与老板谈论加薪或升职的问题时，请先决定自己能够接受多长时间的出差，并将之写在自己的合同里。

如果对方坚持认为他们需要你出差的时间比你所希望的更多，那么你可以要求他们向你证明，公司目前已经充分利用了一切技术减少对出差的需求，并且为团队工作提供了选择上的自由，以及电话会议等等。如果公司能够向你证明一切可能并合理的技术都已充分利用，但仍需出差，那么你们需要进行协商。否则，这就是对你的智慧以及生活的一种不尊重。

能够减少出差的一个方法，就是主动承担能够为公司减少例如 30% 的差旅成本的项目，并寻求一位高层领导者的支持，以获得支持和相关的承诺。

由此获得的好处是可以提升士气，并带来更为清晰和敏锐的沟通（避免召开其他补救性的会议）、更好的贯彻执行以及成本和其他损耗的降低，这对企业和员工来说都是一件非常有意义的事。

如果企业不同意就此与你进行协商，那么意味着他们在人才雇用方面存在着短视行为。帮助你的公司作出改变吧。

7. 能量越大，任务就会完成得越快、越好。

有效地利用时间可以让时间变得充裕起来。无论你天生的“欢乐制造因子”是什么，将它们充分安排在你每周的日程表里，可能的话，最好在较长的时间段内将这种日程安排固定下来。如果不太可能，至少尝试保持它的连贯性。这种反复为自己充电的储备行为，相当于大量提升了个人价值。你可以在夜晚与所爱的人不受任何打扰地共享美酒，在周日的清晨进行徒步旅行，或者整晚欣赏电影，吃你最喜欢的面包圈，边喝新鲜的烘焙咖啡边看周日的报纸，给孩子读故事书，等等。你可以做任何你愿意做的事情。

就算是在旅途中，你也可以为自己“充电”。比如到体育馆运动一下，参观当地的博物馆，看一场电影或参加音乐节，去特色饭馆享受美食，多睡一会儿，参加某种运动课程的学习，享受温泉疗养，或到一个新的城镇去旅游。

是的，你也许会在旅途中感到有些寂寞。但即便是在公司，能够度过愉快的时光也比待在枯燥无味的环境里更容易使人恢复活力。休闲活动使我们敞开胸怀，并帮助我们将注意力转到那些我们真正关心的事情上。

另外，许多“充电”行为（睡眠以外的）能够激发出我们更多的能力。在忙碌与奋斗中，我们会得到磨炼，而乏味无聊只会榨干我们的活力。在我们得到更多激励的同时，更多的敏捷与干练也被带入工作中。

8. 不要参与无意义的争论。就像我们前面所说的，你需要经常并尽早向他人进行咨询。这样能够使别人参与到想法提出的过程中，而不会让他们觉得只有对你的想法品头论足才能表现出自己的价值。

在保持活力的习惯这一章中，我们已经向你提供了如何在对话中吸引对方注意力的建议。但如果你陷入一场争论而无法取得任何进展，可以主动要求就你的理解对对方所表述的内容进行总结。一旦你这样做了，并且对方承认你已经完全理解了他们的意思时，作为交换，你可以要求对方也能够保证他们对你的想法和意图完全了解。

如果对方拒绝与你交换意见，那么停止你们的谈话。因为这表示对方并没有真正想与你沟通。

不过事实上，在你首先表示理解并准确说出他们的想法之后，每个人都会接受你的建议。

在进行几轮这样的对话之后，真正的问题就会变得非常清晰，你们的对话将是富有成效的，而非无意义的争论。

9. 阅读邮件或记录的时候，请将之转化为“可记忆的重点”或“可采取的行动”。如果不能转化为以上任意一种，请扔掉它们。

在你写邮件的时候，任务越是紧急，你越是需要将所提出的请求在头一条中强调出来。然后给出你的理由，并突出其中值得注意的地方。

你所要传达的内容越是具有预见性，就越代表着一个机会，而非当前面临的危机，因此你需要更为简洁的表达，以争取他人的合作。然后再对所需采取的行动进行详述，并说明预期的后续行动。

例如：“我们需要找出大量最有才能的员工离职的原因。这是企业智力资本的流失，同时我们看到，整个公司的士气受到了影响，成本高得令人难以置信。请您列出几位业绩表现最好的员工，让我们看看如何与他们一起合作来解决上述问题。我很乐意组建一支由您指导的团队。让我们在周会上讨论一下您给出的名单。谢谢。”

另一方面，需求越是明显，你就应该越快地谈到核心问题与行动。“我们需要为反复出现的服务不周给客户一个答复。请在今天营业结束之前，告诉我你关于这个问题的看法和建议。我相信你可以帮助我们挽回已损失的名誉。”

你需要简明扼要地向别人解释问题是什么，同时告诉他人为何需要解决这个问题。这样做可以避免令对方产生困惑，并因而作出一些没有实际作用的努力。在明确了真正的目标之后，他们才能真正地帮到你。

10. 沟通原则：使用不超过 3 页的幻灯片；备忘录不超过 1 页；在 5 分钟之内打完电话；非战略性会议不超过 30 分钟（除非会议安排了额外的时间专门用于人际关系建立）。

听起来很极端吗？但实际上，工作是可以被扩张和收缩的，以此来填满你所有可用来完成它的时间。所以请作出适合你自己使用的幻灯片、备忘录，并控制打电话的时间。即使你真的需要开一个时间更长的会议，也可以把它分为 30 分钟一段的“阶段性成果”会议，并认真追踪后续的进展和结果。

实际上，我甚至会建议你在每一次与他人进行沟通时使用“ROI”评估，挑选一些与会议和电话目的相关联的衡量标准。按照这种做法，如果某个会议之后没有任何跟进的实际行动，呈现高投资低回报的状况，你就有理由果断地对此进行干涉和调整。

由身为作家与变革先锋的费尔南多·弗洛雷斯（Fernando Flores）提出并证明的一个观点是，企业中所占比例最大、令人难以置信的成本，正是由对承诺的不跟进和不执行造成的。我们需要卸掉伪装，摒弃华而不实的表面修饰，坚持面对核心问题，并承担起实际的责任。

共同要素

让我们来看看，在本章的前两部分，你发现了什么可以利用的模式？我们现在要向你介绍三种最佳的方法，它们可以帮助你更好地利用这个激情释放因子的精华。

想要充分地利用你的时间，先要让自己的能量最大化。当你表现得活力四射的时候，传递给别人的信息是充满激情的，目标明确，能量十足，积极参与。但如果你垂头丧气，毫无生气，那么表明这里可能存在一个“能量的裂缝”。这时我们需要找到这个“裂缝”，并通过相互的帮助将之修补好。

“能量的裂缝”可能是身体上的、头脑上的、情绪上的或心灵上的。身体上的能量缺乏源于锻炼不足、病痛、睡眠不足或营养不良。情绪上的能量缺乏则可能是由不良的人际关系、低抗压能力或缺乏情绪控制力和社交方面的情商造成的。头脑方面的能量缺乏发生在工作量过大、无法确定重点或优先顺序、条理混乱或技能过时的情况下。心灵上的能量裂缝是由缺乏目标或意义，或固有的价值观与现实产生了冲突，并且其中一方与关系和社会产生了脱节而造成的。

这里是一些有助于能量的恢复或修补裂缝的方法。

当我们有新的体验或学习新的知识时，我们就是在持续地改造和重新设计自己的性格，并向更多新的可能性开放。我们能够不断地成长。我们所追求的是更为广阔、更加开放的个性以及旺盛的好奇心，我们甚至希望在自己的环境中成为一个变革因素。

陈旧和千篇一律只会导致厌倦、失去热情和使情况变得更加糟糕。领导者应该不断地鼓励自己以及自己团队的成员们，以自己独特的方式去积极地生活。我们可以经常这样相互询问：“你最近一次的新鲜尝试是在什么时候？”

但是这并不意味着每一个人都必须时时向他人展示自己的某些新冒险行为。我们只是想说，你需要多一些经历来扩展自我。寻找那些将独特的创新经验、想法和刺激因素带入工作的人，承认、感谢并向他们表示祝贺。就他们个人来说，究竟做了什么并不重要，你需要注意的是他们作为领导者和贡献者提供给我们的资源和帮助是什么。

坚持不懈地识别并致力于那些最重要的事情，这样我们才能获得最大的价值——无论是在家庭生活中还是在工作中，在哪里都一样。清除那些杂乱无章和分散注意力的事情，以及模棱两可的沟通和无意义的会议。将你最好的状态集中在最重要的事情上。

这三种最基本的态度和习惯以及前面介绍的具体方法，能够产生能量并帮助我们恢复活力，这样我们才能够在领导能力的发挥与日常生活中聚焦并点燃激情。如果我们能够做到这些，我们就为取得富有激情的成就创造了一个生机勃勃的氛围。

第11章 激情释放因子之八：重视潜能

这个激情释放因子就是为潜能的表达创造环境。它与集体和个人能力的激励、开发、最大化和聚焦息息相关。如果使用得当，它将释放出企业中每一名员工以及整个企业所拥有的激情和潜能。

相互欣赏与认可

是什么将潜能束缚在集体意识中？如何才能发挥出我们最大的能力，并创造有用的价值呢？

如果你就这个问题与当今大多数领导者进行沟通，他们通常会告诉你，他们能够认同以下四种愿望和抱负：

1. 我希望别人能够通过我与他们之间的关系，以及我与企业之间的关系来了解我，并且这种了解不仅限于作为企业中的一个角色，比如物流经理或运营主管。我们每个人都希望拥有自己独特的个人价值，而非仅仅是机器上的一个齿轮。

2. 我希望自己能够被倾听，被重视，能够感觉到自己存在的价值，我希望自己的想法和感受，对与我一起合作的人来说是有意义和重要的。

3. 我想要与他人分享我的梦想，同他们一起设想未来，然后在工作中为我们共同的梦想奋斗，并且创造价值。

4. 我不想仅仅做那些别人要求我做的事情，我希望自己能够自由选择如何做和做什么。我希望能够将自己的激情贡献和发挥出来。

实际上，所有的领导者都对以上提到的愿望和抱负怀有极大的兴趣，但同时大多数领导也承认，多数的企业乃至团队，距离成为以上这些愿望和梦想实现的实验室或孵化器都非常遥远。通常，企业与员工以及员工与员工之间的相互作用，只是压抑或阻碍这些愿望的实现。

大量能够促进企业向健康良好状态发展的领导方法，都强调我们既需要建设性的质疑，又不能忽略由衷地表示赞赏的重要性，而上述这四种愿望正是其中的典型代表。

实际上，就像所有有价值的事物一样，这些方法的合理性也是有先例可考的。它们都有意无意地被自己植根其上的传统赋予了合理性，并且还在继续。

转变企业中的相互合作关系，为上述愿望的实现提供更为良好的环境的最佳途径，就是在工作中形成真正的共同体。

我们曾经谈到“根本性对话”带来的影响。但那是能够带来潜在的具有巨大突破作用的最核心、最根本、最精髓的沟通。

那么更具普遍性的一般的沟通是怎样的呢？是否除了进行大胆的根本性对话以外，我们注定要在企业的各个沟通环节，被迫接受那些无动于衷的非人性化的冷遇吗？

绝对不是这样。这也是为何我们将建立亲密关系作为第一个激情释放因子。随着我们之间相互理解的加深，随着我们逐渐摘掉自己的面具，解除防御心理，亲密关系的建立能够帮助我们在日常的每一次沟通中，尽可能创造出更多的价值。

如何以建立亲密关系为基础，在工作中创建具有真正价值的共同体呢？

很明显，我们首先需要得到的，是斯科特•佩克（一位具有独特开创性的心理医生，著有《少有人走的路》和《另一种鼓声》（*The Different Drum*）等）在团队建设研究方面的真实经历和理论上的支持。在佩克医生去世前的几年，奥马尔曾与他和他的团队激励基金会开展了广泛与紧密的合作。

我们在此所说的建设共同体的目的，就是要教会团队和群体中的每一个人如何与他人沟通，并获得更多的愉悦、乐趣和勇气，同时培养更多的个人价值，开发集体的潜能。

佩克医生所说的"共同体"，意味着一群存在着差异性，但是能够超越这种差异性，不受彼此束缚的人。他们首先要相互理解，然后在相互信任和知识分享的基础上，能够富有创造性、充满激情、强有力地进行合作。

实现这个目标的第一阶段，佩克医生称之为"虚假团体"。在这个阶段，我们所表现出的相互接受和相互欣赏是伪装出来的。这是一个令人厌烦，甜得发腻，包裹着糖果色外衣的虚假的阶段。它充斥着矫揉造作的亲昵，用"莫名其妙"来形容它一点儿都不过分。就好像你不断听到的那句机械性重复的令人恼怒的"你的来电对我们来说很重要"，随后面对的是头脑不甚清醒的销售人员在没有为你提供任何实质性帮助的情况下，仍然能够面带微笑地对你说"愿您度过愉快的一天"，都是这个阶段典型的写照。

在这个阶段，我们不是在沟通，仅仅是在重复一些陈词滥调；我们没有建立相互联系，只是在做一些控制和操作；或者如同上面所举的例子一样，没有去尝试提供真正的帮助，而是在背诵预先设计好的剧本。

第二阶段被佩克医生称为“混乱”。摆脱第一阶段令人窒息的虚假甜蜜的唯一方法，就是变得真实。但这在开始的时候会让人感觉有些不和谐与不舒服。总之，会呈现出一片混乱的样子。在这个阶段，我们必须意识到矛盾的存在是可以被允许的，而领导者在此时所应承担的责任，就是确保矛盾的存在是有意义和真正重要的。在古老的斯巴达，谁能够喊出最大的声音，谁就有权利决定真理。在现代的政治活动和传媒当中，仍然存在着许多这样的“斯巴达人”。但我们所提到的这种混乱产生的原因，则是由于某些真实的东西被表达出来了，它关乎深度，却与音量无关。因此，像美国的左翼分子和右翼分子那样习惯性地相互指责，带有报复心理地在对方说出任何一个完整句子之前将其打断的行为，并不是我们所说的混乱。这只是一出闹剧，与世界摔跤娱乐（WWE，由世界摔跤联合会 WWF 演变而来）没有什么区别。而我们现在谈论的是对于不同意见和看法的真诚的表达，无论这些意见和看法被大声地还是轻柔地表达出来。是的，你常常会因此而感到有些不安，但这种沟通的前提绝对不是打肿脸充胖子和刻薄的相互批评。

当存在分歧的看法或观念被表达出来之后，为了更加富有成效，我们必须将这种做法坚持下去，并且经过痛苦与不安的阶段，达到某种“开放”的程度，从而实现共同的成长。这是对领导力最大的挑战和最有说服力的证明：识别和确定激情洋溢的意见不合如何能够对我们形成有益的引导。

第三阶段被称为“空无”。佩克医生在这里所指的并非空虚或失落，而是指创造人与人之间的新空间。

奥马尔及其夫人莱斯莉曾在纽约的家中欣赏了改编自普利策获奖剧本《怀疑》（*Doubt*）的电影。这是一部表现慈爱的神父与传统固持己见的修女之间，有关愿望与世界观的冲突的作品。作者在剧中并未判定对错，而是给观众留下了遐想的空间。神父真的侮辱了男孩吗？修女对神父的怀疑和迫害没有事实根据吗？孩子们需要的是心智和道德上的清澈透明，还是真正的关爱与理解呢？无论在剧中，还是在我们自己的生活当中，这样的问题都是合理存在的。

重要的是，我们应乐于怀疑，乐于不了解，乐于对领导者和生活中某些令我们难以理解的事物表示接受，在这种意义上，我们正在实践“空无”。我们要摘掉“面具”，那些需要知道自己是正确的，需要他人对我们的想法表示赞同，需要他人与我们保持一致的“面具”。这样我们才能培养出目标明确、富有激情的人际关系。

最后，谈到共同体本身，这是一项令人着迷的成就。共同体要求我们作为一个群体，同时对任务和进程有所了解。我们不仅要对实现目标作出承诺，还要敏锐地了解实现目标的途径。我们是否正在共同努力？我们有没有真正的沟通？我们是否为实现目标在不断提高自己的能力和素质？我们互动的方式是否正在创造一种大家共同向往的企业文化？我们为当前的任务所付出的努力，是否能够让下一个任务的完成或目标的实现变得更加容易？

佩克医生的这些研究工作，在麻省理工学院的彼得•圣吉（Peter Senge）的研究中得到了进一步扩展。圣吉以推广“学习型组织”闻名。他对领导能力的各方面内容都颇有研究。但是就我们目前所探讨的内容来说，其中有三点是最为重要的。

首先，还是我们以前多次提到的“空间”。共同体建设在某种意义上，就是为想法与合作、可能性、梦想和挑战创造空间。对此，彼得•圣吉和他的同事们首先考虑的就是，要了解我们的内在（我们曾在“保卫可能性”中提到过）。同时这也意味着你需要真诚地倾听，创造一个接受对现实的各种不同看法的开放环境，并接受各种可能性。

其次，彼得•圣吉和他的同事们认为，我们需要利用最佳的沟通“创造意义”。你与对方的沟通越深入，由此创造和释放的价值就越丰富。当然反过来也同样有效，你们创造和释放的价值越丰富，沟通就会越深入。

为了开发集体潜能，我们必须相互激励，从而制定多种发展方案。圣吉和他的同事们以最前沿的研究成果指导我们，将多种行动方案与未来发展相联系，并全面评判依照各个方案采取行动会对未来的发展产生何种影响。

南非的领导者们在重新改造自己所处的现实环境时，表现得积极主动且勇气十足。当党派之争愈演愈烈，建设后种族隔离社会的希望看似更加渺茫的时候，企图占据有利地位的各个团体的领导者们走到了一起，为南非的未来制定了可能的详细发展方案。因为他们意识到，如果按照之前的状况继续下去，只会让南非的发展走入死胡同。

在认真地考虑了所有可能性之后，他们意识到唯一切实可行的方法就是相互信任与合作。这是真正的实用主义路线。一旦被成功说服，领导者们就会将这些信念传达给自己的追随者们。毫无疑问，令人印象深刻的是，南非扭转了被仇恨和矛盾冲突阻挡住前进脚步的局面。但是令人惋惜的是，由于同样原因而导致的失败仍然在全世界许多其他国家延续着。

第三，也可能是最重要的一点，圣吉和他的同事们提出，我们一定要能够“感知”未来、可能性，以及隐藏在每一次合作之中的潜能。采用这种方式，每一次对话都有可能潜在地“激发未来”。试想一下，如果我们所有的沟通，都是以“每一次的对话都将推动我们向目标前进”为背景进行的，将会产生什么样的结果？

如果你能够亲身体验一下，就不会觉得它很神秘了。当你按照这种方法去做时，你会意识到，试着去感知和释放未来，能够帮助你在每一次与他人的沟通和互动中，清晰而全面地表达出自己的想法和愿望。

让我们分享一个有关 Sensei 公司自身的案例。“在为公司起名字的时候，我们列出了很多候选项，”奥马尔解释道。“但是当我们开始对它们中的每一个进行评估和判断的时候，我们听到的都是类似这样的陈述：‘强调东方与西方风格的结合，有推动和促进的含义，拒绝平淡的叙述，与客户共同创造’，或者是‘我们要成为他人在旅程中的导游，而不是专家；我们要像老师一样培养……而在我去日本接受武术训练的期间，Sensei（日语里表示老师或起指导作用的人）这个词出现了。我的同事们在听到这个词的瞬间马上决定：‘就是它了！’他们喜欢这个词神秘的发音，它的清新和简洁，以及它所能唤起的联想和隐含的意味。因此我们没有为公司创造一个名字，我们只是在生活中重新发现了它。”

在为了解决明显却又反复出现的问题而进行的对话中，或仅仅是在进行思考和集中我们的才能与资质时，我们都能感受到感知可能性带给我们的力量。无论是穆罕默德•尤努斯（Muhammad Yunus）与他的向最贫困的人们发放贷款，以帮助他们重新开始生活和经营业务的孟加拉乡村银行（他们现在正准备将尤努斯提出的面向小型公司贷款的突破性方式，从孟加拉推广到西方！），还是依靠不断迈向“下一步”吸引无数狂热追随者的 iPhone 所代表的设计与运营的完美结合的典范，我们都能够从中看到感知可能性的力量是多么强大。

通过更为广泛和深入的倾听，我们能够找到合适的模式、途径和可能性。如果能够使它们相互协调，建立起相关性，我们就可以以此为基础进行沟通。如果领导者和团队能够合理运用这种方法，而非只是分享一些事实或数据，或仅仅转述信息，就将取得十分令人瞩目的效果。

如果我们回想一下，会发现前面提到的这些激情释放因子为我们提供了一种文化氛围，使具有突破性的深刻见解在企业文化中的出现更常规化，并被具体化和明确化。

这并不意味着我们需要对总体的目标或战略方向做全民表决。但是，我们确实需要关注有关的潮流与趋势，以及在相互的合作中表现出的能量，由此来了解如何将这些目标和战略带入每一天的实际工作和生活中。用苏格拉底的话来说，这样我们才能够让那些潜在的、具有价值的想法为最终目标的实现服务。

充分发挥个人的潜能

这个题目将我们带回了有关开发个人潜能的传统讨论之中：积极心理学与能力发展。

积极心理学，是在人们意识到心理学已经长久陷入研究机能失调的沼泽的基础上发展起来的。长期以来，人们沉迷于研究哪个部位没有正常运作，却忽略了问题的另一方面。积极心理学致力于发现如何获得最好的感受、取得最高的成就和达到最好的效果。它通过研究优势、长处、成功经历而非弱点和失败经历来达到上述目的。

对才能开发的研究表明，我们每个人几乎都拥有一份“才能档案”，这被战略专家丹•沙利文称为“独一无二的能力”。我们可以通过经常性地对自己的优势进行激励，实现向真正的优秀与杰出迈进。但是对于弱点，我们能做的最多只是接受，或将它们从“非常糟糕”提升至平均水平。

因此，在这个任何事情都需要被排出优先顺序的世界，首先专注于优势和长处是更加富有成效的。根据个人的现状帮助他们最大程度地发挥出自己的潜力，然后再面对弱点，就不会那么令人厌倦和沮丧。

在对人们进行辅导的时候，我们常常面对的要求，是帮助他们在某一方面有所提高。他们总是会问：“这就是我现在的情况，真的会有什么改善吗？”是的，当然会有所改善。但是有一件事我们必须说清楚。只有当你具有潜力，但是自己却意识不到的时候，接受辅导才是适当的。因此，如果你有能力，并渴望与他人更好地交流，或者果断地作出决定，或者在压力之下仍能作出准确的分析，但你受到了阻碍，并且当前缺乏能够抵抗它们的智慧，那么辅导能够为你带来的成长和发展将是意义深刻的。

“才能会找到它得以发挥的途径”几乎已经成了信念的标志。但这完全是谬论。才能需要被训练和指导。即使是莎士比亚，在他能够对语言的使用进行彻底变革之前，同样必须先学习语言。

这似乎有些自相矛盾。我们必须先认可与赞赏他人的才能，把它当做能够使人迸发出更多活力的方法。在那部苦乐参半的电影《六月虫》（*Junebug*）里，有这样一句令人印象深刻的台词：“上帝喜欢你本来的样子，但是因为太喜欢了，所以又不能让你一直保持不变。”无论在神学方面的信仰是什么，领导者对员工必须要做同样的事情。

人才战争

充满激情的卓越成就是否应更多地归功于才能或实践练习

呢？由于这个问题的答案对于领导能力，对于业绩表现，对于团队和整个企业来说，都太关键了，因此我们要仔细地探讨一下。

几年以前，“人才”这个词当仁不让地进入了领导力与管理学的词典。马库斯·白金汉（Marcus Buckingham）以他那本见解深刻、透彻的《首先，打破一切规则》（*First Break All the Rules*），成为了盖洛普公司的公众形象代表。这明显是一本符合时代要求的著作。它与麦肯锡研究提出的具有里程碑意义的“人才战争”的观点不谋而合。我们无疑已经进入了人才与业绩管理的新时代。这些研究成果想要向社会宣传的、我们早该意识到的是，人并不是用来消耗的“资源”，而是可以进行投资的“资本”，或者更理想地，是被吸引和催化的“才能”。

白金汉和他的同事们，以多种不同的方式挑战了常规思想。为了理解包含在他们见解中令人激动不已的智慧，我们首先要明确才能的含义。

这里，才能指的是你天生的、固有的能力。更确切地说，它是你能够有效应用的、自然的、反复出现的行为模式。如果它对你来说不是“天生的”，那就不是才能。它也许是你后天习得，并已经习惯使用的某种技能，但不能被称为才能。如果它不是反复、始终如一、常常出现的，那么就是一个意外，而不是才能。如果它不是日常地体现在你的行动和行为中，那就只是你自己愿望的一种表达。只有能够被有效应用的能力，才称得上是“才能”。

因此，能说会道本身并不是一种才能，特别是当你需要依靠酒精或其他外界刺激才能发挥出来的时候。但是，如果作为一名销售人员，你能够让他人感觉到舒适自在，能够在客户对产品讨价还价的时候打破僵局，能够自然而然地对每一个人宣传公司的价值主张——如果你也非常热爱这种沟通方式，并且时时流露出这种倾向——这大概就是才能。

明确了才能的含义，我们向才能的热衷者们提出以下建议，以帮助他们转换头脑中传统的常规思想：

1. 雇用有才能的人，而非有经验的人。

2. 将心思用在最好的员工身上，而不要过分关注那些令你头疼的人。

3. 当你向这些有才能的员工解释如何执行某项任务时，告诉他们你所希望得到的结果，而非具体的执行步骤。

4. 不要仅仅用职位提升作为杰出成就的回报，要帮助他们充分发挥自己的才能，并为他们提供与自身才能相匹配的职业发展轨道。

我们简单地说一下为何要这样建议。

• 研究结果和经验表明，那些拥有才能的员工，通常比具有相同经验、甚至拥有更多经验的普通员工有更为突出的业绩表现，他们甚至能够超出平均水平 10~20 倍。例如一个拥有才能的酒店经理，能够创造 10 倍于平均水平的收益和客户满意度。有才能的客服代表可以得到高于平均值 1~2 倍甚至更多的客户回头率。我们的错误在于，我们总是将“平均值”作为业务标准，而不去考虑那些最有才能的员工向我们展示的更突出的业务表现。设想一下，如果我们根据真正有才能的员工的业务表现来制定底线，以此作为招聘、奖励和认可的依据，会出现什么样的情况？

结论就是，在经验具有相关性或确定的重要性的某些特定的行业和职业，例如飞行员或律师，最关键的检验和招聘依据就是才能。换句话说，你需要去寻找那些在心智上天生适合这个职位或角色的人。这要求我们为关键角色成功制定并持续完善一份“才能档案”。

我们很容易做到为员工提供技术培训、辅导和经验分享。

但是在某些特定类型的工作或行业，或在完成某些特定任务时，没有什么能够帮助我们唤醒他们的灵感、想象力和固有的积极主动性。

• 通常我们总是把注意力放在那些进行得不太顺利的事情上。因此，我们会花费大量的精力去对这些表现不太好的员工进行指导。我们希望借此帮助他们“达到平均水平”。并且，如果我们做到了这一点，就会觉得自己获得了一个巨大的成功！

与此同时，我们常常忽略了那些真正拥有才能的人。他们往往同样需要指导和鼓励，并且你为他们提供的训练和指导，你所花费的精力，都将得到极大的回报。如果采用 ROI 分析，你会发现，结果远远超乎想象！领导者应该帮助那些最有才能的员工，使他们变得更加出色。

对那些没有展现出能力，而非只是暂时表现出低迷业绩的员工，我们需要减少对其的关注。

• 当面对那些不适合某些职位或角色的员工时，我们不得不为他们提供极为详细、精确的工作步骤，以防出现偏差或其他错误。这是一种批量生产模型，在这种方式下培养出来的人才，不能适应 21 世纪这个以快速反应、灵活性以及直觉进行创新来应对经济急速增长的时代，因此这种方法也就不再具有吸引力。

当然对一个新手来说，无论他有多高的天赋，也需要他人作出优秀的示范和指导。帕瓦罗蒂也必须学习音阶，泰格•伍兹也要了解挥杆的力学原理，比尔•盖茨也必须学会读懂资产负债表。但是在这种学习的基础之上，拥有才能的人会逐渐脱离“正式的”道路，而开始拥有属于自己的方法——他们不断进行尝试、探索，并将其个性化。如果我们对他们约束过多，就无法获得我们需要的突破性进展。

因此，我们需要对自己期盼的结果以及取得成功的重点和方法非常明确。我们同样需要让员工了解以往的有效经验，以及相关领域里的基本模式。但是在我们将任务完全交给他们的时候，就要允许有才能的员工去创造和尝试他们自己的风格或方法，而不要将他们束缚在我们以往行之有效的“正式的”方法中。否则，我们以往的构想和经验就会成为对可能性的一种束缚。我们要允许有才能的员工为企业铺设出新的通往成功的道路。

没有哪两个出色的销售人员会使用完全相同的销售方法；没有哪两个优秀的沟通者会写下或说出相同内容或结构的一段话；也没有哪两个音乐家会以完全一样的方法演奏乐器或诠释一段乐曲。差别万岁！

- 我们以往的做法是，当某个人表现优秀的时候提升他的职位。只要他的级别有所上升，就很少考虑他的资质和能力是否适合这个新的职位。例如，某个人也许在技术上很有天赋，但在管理方面却能力不足。现在，如果按照以往的做法，为了对其突出的技术成就给予奖励，虽然我们并不了解他会是怎样的一位管理人员，但却将其提升到某个管理职位。当这个得到提升的员工被挫折与失败包围，并令周围的很多人也感到十分沮丧时，企业就相当于浪费掉了他所拥有的尖端的技术才能以及以往的成功经验。

在任何职位上表现优异的员工都应该能够获得奖励、尊重与成就感。例如，技术人员和领导者都应该有他们自己的发展轨道。这其中可以包括获得声望、物质上的奖励，甚至是在自己的专业范围内的某个具有挑战性的新角色。对于那些拥有领导潜力的员工，我们应该准确地了解他们的领导能力（“领导能力”是一种多方面、具有连续性和统一性的综合能力），并帮助他们获得与自己的才能契合度最高的职位。

因此，如果某些员工比较注重细节，但是对不确定性没什么兴趣，将他们送到一个正处于探索和开发阶段的新兴市场就不是一个好的“提升”，因为那里还没有已经成型的方法可供使用。但如果一位具有远见的领导者已经开发出了新的市场，而她的继任者被要求为这个市场制定更多的规则、制度和流程，那么这个职位对于前面提到的那类员工来说，是一个很好的“提升”。如果我们能够为这位新提升上来的领导者组建一个团队，而团队成员全部由具有创业精神和胆量的员工组成，他们可以为领导者提供创新性的想法，具备一些她所欠缺的才能，那么这个“提升”就会变得更加合适。

我们必须为角色作出设计，甚至为之配备和培养一个团队，以保证团队中的各种才能是平衡、互补的，每个人在大多数时候都有机会发挥出自己的优势。在这种情况下，领导者本身的能力才能得到最好的发挥，企业会随之变得更加强大，激情则是充足、自然并且富有成效的！由此，我们清楚地了解了为何领导者的首要职责，就是去识别、发展、指导、管理和引导才能，无论是个人的还是集体的。

难题的另一面

才能是唯一重要的因素这个观点看似令人信服。但真的是这样吗？这个观点似乎在暗示：经验是完全不相关的因素；人们只是没有得到真正的成长（并且人们所能做的就只有提高自己的才能）；过程和规则必然是沉闷的；如果成功不是唾手可得的，那么一定是角色安排出了问题，而与这个人本身无关。

此外，人们似乎将“才能”当成了一种暗示，即如果你拥有才能，你就一定能获得成功。你只要跟着自己的才能走就可以了，它会带着你走向成功。

但是英国的研究者们已经指出，沃伦•巴菲特、泰格•伍兹、比尔•盖茨以及马友友，无疑都拥有非凡的天赋。但是只有在经过多年单调、平淡、坚持不懈的实践和练习之后，天赋才转变为“才能”（例如，能够一贯保持非凡的水准）。

研究者们将之归因为“十年规则”。也就是说，即使是天才儿童，也要经过平均长达9~10年的实践应用和学习，才能有超越预期的卓越表现，并获得与才能相符合的成就。当然也会有像莫扎特那样的例外，但是我们并不能因此对大多数人的表现得出同样的结论。

当然，研究者们也意识到努力奋斗并不是其中的关键。也有很多人花费大量时间努力学习和钻研，却仍然表现得非常普通。

不过研究者们还发现，那些努力进行“刻意的练习”的人确实会有所提高。此时行动目标被精确设定为在某些方面取得进步。这些人会完全地投入练习，设定目标，寻找新的方法，评估和跟踪结果，并不断创造出能够帮助自己取得进一步改善的更好的方法。

因此，如果你只是对着球门练习射门，并不会得到多少提高。但如果你设定一个目标，比如从各种角度将80%的球射到球门的右上角，然后在练习中不断注意结果，作出调整，这将使你获得一种相当不错的技巧。面向你的团队做一次又一次的演讲，并不会让你成为一个令人信服的沟通者。但是如果你设定一个目标，例如，以每一次的发言能够引发一些行动，甚至是一些重要的、能够推动业务进展的行动为目标，并以引起了团队成员们的多少关注以及采取了多少相关行动为依据进行评估，就能帮你成为一个推动员工向目标前进的沟通者。

因此，有着杰出业绩表现的人一定是比其他人更加努力的。

世界上顶级的小提琴演奏家，平均一生要练习 10 000 个小时，而次一级别的演奏家们则为 7 500 小时，再次一级别为 5 000 个小时，等等。这对最为优秀的外科医生来说同样适用。这些人倾向于不断挑战自我，通过在自己的领域内**进行刻苦练习来改善业务表现中的各项指标**。

此外，如果我们追求的是结果——除非对某几个特定的领域来说，天生的才能是必不可少的，例如外科医生的动觉智慧（身体敏锐度），或音乐家对旋律的某种敏感反应——那些最有天赋的人是否总是可以表现得最好呢？

很难得出这样的结论。

我们可能都知道一些有才能的人表现欠佳，他们对自己的能力隐约有所感知，但并不能将其发挥出来并取得好的成果。我们也知道那些由很多杰出的成员组建而成，却没有团队作战经验，或未经能力的相互协调的团队，最终的表现可能还不如一支能够实现真正合作，并能够有力而明确地使个人能力得到增值，由平均水平成员组成的团队。美国篮球队在雅典奥运会上令人失望的表现，或英格兰足球队在 2006 年世界杯足球赛上取得的成绩，就是足以引起我们注意的很好的例证。

这里还有另外一个例子。被认为是世界上最伟大的篮球运动员的迈克尔•乔丹，曾被中学篮球队开除过。如果拥有天赋就一定能够培养出技巧的话，这种事情是不太可能发生的。有趣的是，在乔丹成为明星之后，他依然坚持进行近乎残酷的训练。队友们解释说，他对每一次投篮都倾注了同样强烈的感情，就好像正在比赛一样。

刻意的练习又一次展现在我们面前！如果将之运用到商业经营中，当你面对每天的工作任务时，不要只是试图将它们完成，而要采取明确的方法努力将它们做得更好，这样才会为你的整体工作带来更多的价值。

因此，请将任务分解。在演讲中加入研究和分析，邀请他人参与进来，为你提供更多的见解，创造独特的表述意见的方法以及演讲风格。这些技能都是可以改进的。

杰克•韦尔奇可称得上是商业领导力方面的名誉教授，因为他为我们作出了明确的示范。他挑战预算控制，改进了自己和团队之前使用的方法。新方法变成一种“全垒打”练习，直接考虑为重要的突破和新发现分配资源，而不是依靠老生常谈的“比去年增加 10%”来控制预算，后者对很多企业来说简直就是一剂毒药。他挑战人员管理。在常规方法之外，采用了全方位评估、才能审查、指导练习和年度排名等方法。他为领导能力的“刻意的练习”创建了专门的流程。所有擅长扭转困境的大师，比如美国的路易斯•郭士纳和英国的阿兰•雷顿，都精于此道。

英特尔的安迪•葛洛夫（Andy Grove）和微软的比尔•盖茨都为我们指出了如何重复并更为简单地做到这一点。你需要尽可能多地收集反馈信息，创造多方反馈回路和现实检查机制，然后利用这些从实践中得到的反馈信息判断什么样的心智模式适合这个行业。当你确定之后，就可以以此为目标，始终如一、重点明确地将你的能量和想象力集中于此进行练习。

究竟是才能重要，还是练习重要？

与杰克•韦尔奇一起在通用电气工作过的诺尔•蒂奇有超过 30 年的教授和业绩表现指导经验，是全球公认的领导力专家。蒂奇表明，虽然自己与管理者们合作了 30 多年，但依旧不明白为何有些人会积极主动地进行“刻意的练习”，而另一些人则不会这样做。换句话说，他没有搞清楚为何有些人会比其他人更容易被激发和推动。

这就是问题所在。之前我们对才能的定义是不完善的，因而造成了现在的困惑。才能还应包括在某个特定的领域内我们对练习的大量需求，并且正是在这个领域，对能力应用的投资回报率是非常高的。规模收益是递增的，即使不会立刻表现出来，迟早也会让你看到。

虽然从外部来看，成果的显现需要一些时间，但是从内部来看，我们会感受到自己在此过程中取得的进展，并且随着我们对每一次进步有所感知和体会——虽然它可能十分微小，使我们能够更容易地充分表现出自己。

才能不仅仅是因在行动和行为上表现出来的、富有成效、自然并反复出现的能力而产生的激情。它同样是一种渴望，一种乐于将自身发展到更高水平，并将能力表现得更加富有成效的渴望。

我们一致认为领导者应该帮助我们点燃激情。但是他们也需要对我们在某些领域中表现出的能量进行引导。在这些领域，我们具备天生的优势并且兴趣十足，掌握知识的速度可能相对更快一些，所以为了“快速取胜”，我们无须按部就班，而是要不断尝试实际应用，并将承诺转化为始终如一的获胜习惯。

白金汉和他的同事们所提出的四点内容是完全正确的——当然，你同时要注意我们以上提出的附加说明。有件事常常被人们忽略，那就是才能为我们提供了天生的驱动力，不仅因为获得成就带来的喜悦，还有我们在实现目标的过程中体验到的快乐。

对目标作出承诺也许会令人精疲力竭，但是在我们自己所擅长的领域，你意识到自己能够完成任务，就会有前进的动力。另一方面，在某些领域中，你需要花费大量的努力，却最多得到一

然后要求他们为真正杰出的表现付出努力，而非仅仅面对一些可接受的“天生”就能胜任的任务。

罗伯特·弗罗斯特（Robert Frost）曾写过一首关于工作的两种欲望的诗：喜好与需求。按照他的结论，我们可以知道，领导者应该通过识别和激励才能来释放激情。他是这样写的：

只有喜好与需求完美结合，
并使工作成为凡人的赌注，
任务才能得以真正地完成，
那是为了愉悦和你的前途。

才能是喜好与需求的结合体。我们喜欢去做那些需要被做的事情，并且乐意去做那些为了成为自己所设想的、理想的贡献者而需要去做的事情。

领导能力就是要为那些乐意迎接挑战的人们创造环境，设计角色，提出挑战并给予激励，帮助他们学习如何发挥出自己的最佳水平，并且不断提高。

使用这个激情释放因子

以坦诚的态度相互欣赏，我们就能够找到建立人才团队的意愿和驱动力。深入地倾听，提出方案，并专注于在相互合作的推动下趋于合理的未来目标，我们就能够积极主动地接受并可能开发出更大的集体潜能。

但是潜能还包含一个关键的不可忽视的独特组成部分。我们首先要帮助他人，增强他们对于自己优势的信心，并鼓励他们不要因为自己的弱点甚至无法发挥出自己的最佳才能而感到灰心丧气。我们必须对他们进行引领和指导，使他们意识到能够使才能得到最好的发挥是与具有才能本身一样重要的，也就是必须通过提高能量与实际练习来避免让才能成为无意义的虚荣。

当我们确保领导者和团队成员的潜能被激发、得到支持、被推动并得以充分发挥，而非被抑制、受到威胁、感到沮丧或陷入困境时，激情就会充溢整个企业。我们需要使整个团队以及每个独立个人的能力都得到最充分的发挥，这也正是本章所讨论的激情释放因子的必要性所在。

第12章 激情释放因子之九：对激情的成长进行指导

在我们对其他相关内容进行充分讨论后，最后一个激情释放因子终于登场，它与对彼此的成功进行指导有关。

当我们能够成为自己的指导者时，就能够释放出激情和最佳表现，并同时推动他人迈向巅峰。

“做与是”的悖论

在领导力与管理实践中，最明显的分界线之一就是被我们称为“做与是”的悖论。如果能够解决这个难题，我们将得到有关领导力发展的绝妙的洞察力和推动力。

在上一章提出的有关才能的争论里，能够帮助我们理解双方观点的最佳方法，就是寻找一些可供参考的具有示范性的意见。因此在这里，我们挑选出了两位世界顶级的思想领袖。

第一位就是马歇尔·戈德史密斯，全球最著名的领导力培训专家之一。他帮助人们实现行为方式的转变。他使用的方法主要集中在高度聚焦以及关注一两个关键行为的可衡量的改进上。这里所说的关键行为，是指一些导致被指导对象不能充分发挥自己的能力，同时抑制了与之合作或受其影响的其他人的激情的行为。

第二个是亚宾泽协会（Arbinger Institute）。他们的一系列畅销书为我们提供了一种具有深刻见解的非传统模式，从史蒂芬·柯维到世界领先企业的 CEO 们无不为之欢欣鼓舞。他们提出的主要观点是，问题不在于你做什么，而在于当你做某件事的时候你是谁。他们认为，我们与他人进行互动的意图，从根本上说是以我们看待自己和他人的方式为基础的，这种意图是领导能力与互动有效性的支撑点。

现在让我们更深入地对以上两个独立可信的观点加以讨论，并寻找真正的分界线在哪里。此外，我们还要探索它们为何能够连带起到增强释放激情和最佳领导才能的企图的作用。

我们就是行为本身

坦率地说，这个观点是相当令人信服的。除了依据行为之外，我们如何能够了解某个人的个性（通常被定义为一贯的行为方式）或对其真实的意图（与幻想和妄想相对应）略知一二呢？

在全球咨询实践中，我们要求那些需要经常合作的领导者们完成一个被马歇尔称作“前瞻”的练习，这相当于对共同成果进行信息分享的另一个版本。实际上，我们就是让他们相互提出一些要求，为未来的发展提供一些建议，而不是一味地抱怨过去。

我们要求他们设想在 6 个月之内，让相互合作的另一方取得一些令自己确实感到惊奇和赞叹的成就。他们需要考虑如何实现这个目标。然后我们会为他们提供一些支持，帮助他们采取后续行动，加强彼此努力的效果，并推动上述目标的实现。同传统的自我主导并覆盖最主要的人际关系的共同成果信息分享不同，这种练习是以解决更多具体问题为目标的。

在 Sensei 几个月前的一个培训中，作为上述练习的一部分，两位领导者被要求做面对面的沟通。在此之前，他们之间的关系比较疏远，并且不太友好。在练习中，其中一位对对方说："在你决定是否赞同之前，如果能够完整地听下我的想法，将令我感到十分欣喜。"

对方用了一些时间来理解并接受这段话，然后说："如果我听到的不光是批评，如果你能对我作出的成绩表示一些鼓励和赞赏，你将令我感到十分欣喜。"换句话说，他们正在告诉对方，什么才能代表**真正的成长与相互承诺**。而行为就是我们最终证明自己的方式。

另一个支持此观点的看法是，当我们拥有高职位和资历的时候，妨碍我们获得高效率的几乎常常是行为方面的问题。当你处于某种高度时，技术缺陷几乎已经不存在了。在企业中位居高层的员工不会因为缺乏技术方面的能力或资质而受到阻碍。

因为从此时起，决定他们能否取得进一步发展的，是他们的领导力专业知识的表达，包括能否与他人合作，能否调动团队积极性并促进团队发展，以及能否打造出有利于最佳业绩表现的文化环境。

如果情况确实如此，我们为什么要尝试重新塑造自己的个性这种令人感到困难和畏惧的任务呢？重新塑造自己的个性需要本人有强烈的改变欲望，需要进行适当的咨询和辅导，还可能需要面对一些具有侵入性、耗费时间、使当前的生活节奏趋于停滞的小插曲。当然这些需要面对的困难和付出的努力并不能说明，当我们自己感到有此需要时，自我补救或发展的过程是没有价值的。事实绝非如此。但这很难成为领导力发展大潮的中坚力量——因为我们经营的是企业，而非修道院。

对于讲求实用，以成果为导向的领导力有效性来说，如果我们能够找到产生限制和约束作用，使我们无法达到预期目标的行为，并改变它们，我们就能够得到最高的效率，并有可能在释放激情和领导力有效性方面获得最高的投资回报率。当一次的成功孕育出更多的成功时，这种成长的连锁反应将是影响深远的。

但是应如何改变行为呢？从本质上讲，这与我们前面曾提到的利益相关者的方法是相似的。主要包括：

- 从可靠的旁观者和其他相关人员那里获得信息反馈，特别是那些受到领导力和团队行为影响的人。
- 将信息反馈排出优先顺序，其中最关键的就是那些持续起到妨碍和不利作用以及使动力丧失的行为。
- 将那些最有可能在这次改善中受益的人列出来，以面向未来发展为基础，要求他们提供明确的鼓励、建议和想法。
- 在他人的指导和支持下制定行动计划，并开始实施。
- 对于期盼着我们能够有所突破的群体保持始终如一的随访和跟进行动。
- 在整个过程中不断进行评估、调整、改进，并收集更多不同的想法，以获得持续发展。

这种方法的精髓在于，首先大量听取其他人的想法，以确定这次突破性挑战的内容。然后我们从中挑选出最有价值的改进方向，为自己提供动力并作出承诺。此时可以邀请其他人参与进来，为我们提供支持并共同面对这项挑战。例如，如果我们不断听到有人对我们沉迷于曾经取得的令人兴奋的成就，但同时低估了可能存在的风险而表示不满，我们就能够意识到这就是需要改进的地方，这种改进将对有效性（以他人的角度理解）带来相当大的影响，并会得到员工们的热情支持。

就像前面所说的，任务需要被评估才能够得以完成。因此我们要进行持续的跟踪，并以此作为培养新的习惯的方法，直到这种习惯带来的利益能够为自己创造自然的生存环境并提供养分。

这听起来既十分清晰、令人信服，又是可行的。那么，另一种观点所表述的是怎样一种情形呢？

让我们一起来看一下。

问题不在于我们做什么，而在于我们如何看待自己与他人

这听起来很神秘，但你会看到，这是一个非常重要、令人惊讶的实用观点。

一位曾经接受过奥马尔指导的员工，我们暂且称他为格雷格，注意到他的同事拉里正打算冲进老板约翰的办公室做自我辩解。格雷格知道，在上一次公司举办的活动中，他们的老板由于当着外部合伙人的面被拉里讽刺和挑战而感到十分恼怒。

格雷格想到他应该阻止拉里，并给他一个警告。同时他知道，如果拉里能够接受他的观点，老板并不准备对之前那件事追究责任。格雷格和其他几位同事还听约翰说过，如果拉里继续对他“跳踢踏舞”，就要当心了！

格雷格也考虑了阻止拉里对自己有利的一方面。他和拉里需要建立一种更好的工作关系，而这样做肯定对此有利。此外，格雷格也希望在自己将来遇到麻烦的时候，作为报答，拉里能够向他伸出援助之手。

但是格雷格并没有采取行动。因为他认为，要让拉里停止原有行动并接受自己的观点，需要耗费太多的能量。而且拉里不太可能认可自己对他提供的帮助，甚至很有可能在事后说，他并没有从格雷格那里得到任何有益的帮助，他全靠自己才解决了问题。

格雷格回想起以往拉里从未帮助过自己，他是如此不易相处，脾气暴躁易怒，并总是为自己的观点非常不成熟地与别人争论到底。

于是，预料中的大战终于爆发了。拉里带着他一贯的强硬态度闯进了约翰的办公室。而约翰，刚刚结束与合伙人之间相当难以应付的电话沟通，完全没有心情听拉里的自我辩解，他失去了冷静的态度。他大声斥责拉里，并告诉拉里要控制自己的态度和语言，保持冷静，等等。拉里离开办公室的时候明显受到了伤害，他局促不安，并且为刚刚受到的羞辱感到非常愤怒。他的目光与格雷格有一个短暂的接触。格雷格试图迅速改变自己的表情，以防止显得有些幸灾乐祸。但拉里的目光表现出的不只是一贯的好斗。他是否在怀疑格雷格呢？被他冷冷地注视着，格雷格感觉自己是个失败者。

在后来的沟通中，格雷格和奥马尔一起分析究竟发生了什么。我们恐怕都会同意，这不是格雷格发挥领导能力的一个闪光时刻。但是从中可以找到的关键行为是什么？这是由于不作为而发生的过错。在这种偶发的、不具备重复可能的情况下，我们无法真正了解那些**未发生的事情**。但是以格雷格对待拉里的态度来看，我们认为在这种情况下确实存在很多应做而未做的事情：例如，没有说出的话，没有采取的行动，以及没有提供的支持。这些正是我们需要注意的地方。

实际上，在类似的情况下，人们通常会同格雷格一样，为了应付自己由于不做为而产生的潜在罪恶感，筑起一道内在防线。

通过夸大拉里所有的缺点，格雷格为自己的不作为**提供了正当的理由**。并且如果拉里发现或凭借正确的直觉判断，格雷格早已了解会发生什么或至少可以说以沉默的方式参与了合谋，并因此感到愤怒时，鉴于拉里以往对待格雷格的尖刻而敌对的态度，格雷格完全可以将此**归咎于**拉里只不过是自食其果罢了，他不应该奢望从格雷格那里得到更多。

将自己摆在受虐者的位置上，而拉里则被当成一个恶魔般的同事，格雷格由此使自己摆脱困境而不受惩罚。实际上，如果受到拉里的质疑，他很可能会尽力表现成一个道德高尚的伪善者。

当我们使用行为列表的方法试图对此进行改进的时候，格雷格的不作为可能并不会出现在列表中。原因是：格雷格可能习惯了只对那些与自己的节奏、模式和习惯性的反应方式相协调的人提供帮助。那么我们现在该如何进行下一步的工作呢？

试想拉里会对上述行为列表表示赞同吗？或者格雷格会同意在接受指导和自我发展的过程中，让拉里作为他的评估者之一吗？绝对不可能！但是我们在这里要提出的最重要的问题是，格雷格已经暴露出了自己真正的意图。拉里可能确实不够成熟，并常常制造麻烦。**但是格雷格当时确实仍然想要帮他**。这才是他最初的念头。

人们从来都不会像我们所描述的那样，只有坏的一面。实际上，我们常常这样描述他人，只是为了为自己辩解。拉里（这不是他的真名）其实是一名业绩出色的营销人员，他激情四射，并有深刻的洞察力，当然他有时的确会表现得令人不愉快，而且脾气急躁。

问题在于，格雷格最终将他当做了一个物体和工具——一种潜在资源或刺激因素。当他在与拉里的相处与合作中，受到的直接伤害比通过关系建设可以获得的长期利益更多时，便选择了放弃拉里。

如果格雷格当时能够继续将拉里作为一个人来看待——既有缺点，也有需求——他可能已经采取行动了。当我们将他人作为人来看待的时候，就能够感受到他们的需求，感受到形势的需求，也因而知道如何能够让互动变得更为有效。

“需求”在这里指的是为达到共同目标需要做的事情。

如果企业希望在不扼杀员工激情的基础上创造良好的业绩，每个人都必须将他人当作真正的人来看待，并且是具有能力、期待被引导、激发和充分发挥作用的人。这是使我们能够得到来自他人的真诚的支持与帮助，并因而能够以同样的方式对待他人的唯一方法。

反过来同样也是成立的。如果我们将别人当做一个物体或工具来看待，那么无论你的行为表现如何，从本质上看，你就是以这样的态度与别人相处与合作的。例如，你做的事情可能看起来都是对的：积极聆听，提供帮助，甚至对他们的成就表示祝贺。但如果你做这些完全出于为自己考虑，或者为了降低对方的对抗性，这种浅薄和表面性会明显地表现出来。**别人会感觉到你只是在为自己着想，而不是为他们着想**，即使你打着“培训”、“指导”或者“支持”他们的旗号，也无济于事。他们也许不能准确地表述这些令人不愉快的行为，但由于我们以死板的方式为他们提供帮助或分享信息，以形式化的方法审议通过那些看似“积极”的提议，都能够使他们察觉出，我们一丝不苟地作出的这些“可让人接受”的行为，不过是达到最终目的的一个手段而已。

正如亚宾泽协会提出的，领导者必须帮助人们“从盒子里走出来”。在亚宾泽的团队里，将某人视为物体或工具，就是将他放到了“盒子”里。当我们将他人作为真正的人来看待，并以此为基础与其相处与合作时，从某种意义上理解，我们自己也是

“从盒子里走出来”的了。唯有如此，才能真正具有价值，引领我们取得成功。

做—是—做

对上述两种论点都能给出充分的理由。同时它们也各有局限性，因此需要详细而具有扩展性的解释。我们在这里给出的建议是，将它们合并到一起能够起到更好的提高效率和释放激情的作用。

无论你正致力于自我发展，还是为他人提供支持或指导，都应该从“做”开始。你可以从补救做起——如果某些地方需要修补的话。适当、正确地完成这些任务，行为上的转变同样能推动我们自身发生一些变化。

对于这个建议的提出，我们有两个看似矛盾的理由。第一个是很明显的，因为我们通常都会按照自己的感觉采取行动。因此按照亚宾泽提出的观点，改变自己对他人的感觉需要通过改变你看待他人的方式来实现。之后你的行为就会自然而然地发生一些变化，并变得更加有意义。

第二个理由与第一个相矛盾。临床心理学之父威廉•詹姆斯（William James）很久以前就指出，人类的感觉来自行为。如果某种行为方式对你的影响时间足够长，感觉往往就会开始仿效这种行为方式。而当同样的感觉被大量储备时，就我们自身而言，会达到某个“临界点”。就像戒酒者所说：“假装戒酒，直到你真的做到。”更确切地说，就是：“像那样行动，直到你成为它本身。”

例如，奥马尔曾对几位掌管数十亿美元资产的企业或业务部门高层领导者进行指导。这些高级管理人员确实没有将他人作为物体或工具来看待，他们不是非人性化的领导者。但他们仍然面临着某些行为上的挑战。

其中一位在对他人表示赞赏时要求严苛，但是在提出质疑时却过于直接和频繁。另一位则是过于理性，并常常对他人反复询问和质疑，从而不能在对话中激发他人的创造力和潜能。

令人高兴的是，这两个人都在行为方面取得了一定的进步，这种进步来自他们在自己的缺点被客观地提出时，并没有产生过度的防御心理。他们为何没有进入防御的圈套呢？因为他们意识到了自己目前的行为方式正在侵蚀他们通过奋斗所取得的成果，同时也在削弱他们正在努力打造的团队的实力。

找到最需要补救的地方，并采取行动。一个好的选择，很明显就是从改造自己所习惯的、需要进行补救的行为方式开始。不要期盼奇迹发生，但是一定要期盼有所进展。

我们前面提到的第一位领导者可能永远也无法在对他人表示赞赏时表现出很高的水平。但没有关系。以他所具备的优势和对自己团队作出的承诺为基础，只要他能够作出一些明显的改进，并能够证明自己确实在这一方面真正努力过，就已经对缓和他人的愤怒情绪起到极大的作用，并且能够帮助他重新形成具有凝聚力的团队，取得具有里程碑意义的业绩。

上面提到的第二位领导者则具有令人惊叹的智慧，这无疑是他应保留的重要武器之一。但聪明的他也意识到，还有另外一种沟通模式的存在。如果他那近乎残酷的理性能够变得更加柔和与成熟，让自己潜在的幽默感和热情得以释放，别人会更容易听取他所表述的意见，同时也能更好地向他说出自己的想法。

另一方面，如果这种需求是再生性的——当我们必须创造一些新的选项，并在面临一系列不同以往的状况时无法明确了解应该使用哪些行为模式的情况下——我们需要致力于寻找需求，并因此拓宽视野。所以格雷格在接受奥马尔的辅导之后马上找到了拉里，他决定将拉里作为一个真正的人来看待，一个可能受到了伤害、羞辱并苦于无法寻求帮助的人。

他决定帮助拉里摆脱目前的困境。

“拉里，我真的非常抱歉。”格雷格说道。拉里抬起头，冷冷地说，“为什么道歉？”

“我当时知道老板就要发火了。我应该阻止你并让你知道。我很抱歉自己没有那样做。”

拉里显得有些迫切，同时还带着好奇的表情（这是奥马尔后来听到的）。毫无疑问，他想知道接下来会发生什么。

“实际上，”格雷格继续说，“我们之间曾经有过几次不愉快，而且我从来不认为你是认真对待我的。坦率地说，这成了我没有试着帮你的一个借口。但我本该作出努力的。再次对你说声抱歉。”

稍微停顿了一会儿，拉里回答：“好吧，格雷格。其实我们都没有为真正的沟通作出努力。但是约翰那样的反应简直是发疯了！”

现在格雷格必须作出选择。他并不真正同意拉里的话。他应该对两人刚刚建立起的脆弱关系妥协吗？格雷格意识到，如果不清楚地表明看法，则又是在把拉里作为一个物体和工具看待——一种管理或控制的便利性。如果他真正地将拉里作为人看待，就必须设法满足他的需求。并且实际上，拉里真正的需求完全应该从另一个角度来看待。

为了继续与面前的这个人沟通，真心地为他考虑并渴望帮助他，格雷格说道：

“拉里，我知道约翰发了很大的脾气。他可能不应该这么极端。看来这真的令你很烦恼。”

“格雷格，你要知道那完全是在浪费我们的时间，你一定要明白。”拉里说道。

“是的，可能是这样。但是你知道是谁提出举办那次活动的吗？是约翰。当着每个人的面，包括我们的合作伙伴和其他人，他的团队里最好的成员——你知道他总是向别人这样夸你，而且毫无疑问，你是他团队里最闪亮的一位明星——当众向大家明确表示不支持他所付出的努力。”

拉里停了下来。他试图从格雷格脸上寻找一些说教和自以为是的痕迹，但什么都没找到。他低下头，深深吸了一口气，低声对自己嘟囔了一句，然后说：“让我想想吧。”

如果格雷格更早一些或态度更强硬一些地提出他的观点，拉里很可能会感觉到自己在被别人品头论足，他可能会逃避现实并进行反击，或拒绝听取拉里的意见。但是当格雷格真正从拉里的需求出发向其提供帮助时，给对方留下的印象和造成的影响就完全不同了。

那天晚些时候，在格雷格的推动和帮助之下，实现了一次对话，并为拉里提供了让他能够承担责任的机会。他向约翰道了歉。约翰恢复了平静，并邀请拉里与他一起讨论导致烦恼出现的原因，同时他也意识到，当准备将十分重要的内容与外部的合作伙伴进行沟通与分享之前，应该先进行更多的咨询和协商。

格雷格成了促成这次转变的强有力的原动力。他自己是否得益于此呢？是的，他的人际关系得到了改善。老板也看到了格雷格起到的推动作用，并从拉里那里了解到他的这种为他人提供支持和帮助的合作性。更重要的是，格雷格所在的团队正忙于几个关键项目。在之前的隔阂消除之后，这个团队就能够真正团结一致地向目标迈进，并为进一步推动关键项目的进展保持激情。

格雷格的新行为方式是具有可信性的，因为其真正的动力来自真诚地渴望帮助自己和拉里“从盒子里走出来”。是的，一些可能的方法也在其中起到了指导和帮助作用，但只有在这样的背景之下，它们才能够发挥作用。

使用这个激情释放因子

我们确实应该尽力对弱点进行补救。但我们同样需要致力于创造对关系的新选择，因为它们能够创造新的可能性。

然后，我们必须继续关注自己的行为方式，并从新的行为方式（态度的最终管理者）中获得反馈信息，以确保他人能够感受和正确接收到自己的意图。对这一过程的描述就是：做—是—做。

领导力是一种涉及多方面的艺术，需要大量实践练习。其中一些练习源于我们必须对其进行补救或改进的行为方式，或者其他人在与我们互动时明显回避的部分。在这里，反馈、应用和持续跟踪是最有效的方法。

其他的练习，与感知需求、创造可以被信任的印象以及清晰表达最深层与最好的意图有关。在此，我们必须扩展看待他人的方式。

因此，这两种方法是相互需要的。不被“是”肯定与巩固的“做”，只是一种对刺激产生反应的机械行为。如果“是”不能产生和引导“做”——特别是对目标群体的“前瞻”保持开放的态度——就会成为一种欺骗甚至无意义的自我陶醉。

优秀的领导者会在这些选择中寻求真正的协同效用，并以“二者都/全部”而非“非此即彼”的形式表达出来。同往常一样，激情与业绩表现仍然会是受益者。

第13章 首先要求自己：建立成功的关系

在前面的12章中，我们学到了什么？从本质上讲，就是必须为行动提供强大的推动力。

很明显，我们反复提到的大多数激情释放因子都与更好、更有效的人际关系有关。就像我们一开始所说，几乎每家企业的机制失调或业绩不良表现都可以追溯到那些不真实的、功能失调的、虚假的和平庸的关系上。

我们能否与他人建立积极而活跃的人际关系，以及这种关系本身的质量如何，影响着我们与他人进行对话、交换意见、相互激励和知识分享的质量，同时对充满激情地不断学习和尝试让才能与潜力产生协同效应具有影响。事实上，又怎么可能不是这样？

如果我们考虑与之有关的行为，有两个原则可以帮助我们取得确实的进展。斯科特·佩克作为奥马尔在这个领域多年的咨询顾问和合作伙伴，在他里程碑式的畅销著作《少有人走的路》中提出了有关自我界定的内容。

自我界定从本质上讲就是我们对自己是谁的理解；换句话说，就是关于自己一生的兴趣与责任。我们中绝大多数人将自己所关心的自我意识包含其中（至少在一定程度上）。也许是爱国精神，也许是某种民族归属感，或者是重要的业余爱好（我是一名网球选手，我是一名跑步选手，等等），或者是自己的身份、所居住的社区或城镇乃至所属的更大区域范围（例如在美国，加利福尼亚州卡梅尔市，西得克萨斯，格林威治村；或在英国，约克郡，伦敦西端，萨里郡，等等）。

作为一个人，学习与他人建立联系并持续成长，能够扩展自我界定。这意味着对于我是谁的认知，以及在对自己的兴趣和关注点的理解上，会拥有空间容纳更多的人、想法、模式和可能性。你的关注范围越广，包容越多的人、情感和想法，你就会越发心胸开阔。为什么？因为这样做对拓展你的思想、感知力、建立关系的能力、适应性、学习上的开放态度、"指导能力"和其他方面来说，都非常重要。

因此，评估自己与他人所建立的良好关系的质量的方法，就是看我们能否开放地面对新的想法，面对更多的感受和新的更好的习惯，以及更多的合作行为。如果答案是肯定的，我们的自我界定将得到扩展，而非缩小。

如果人们在一家企业能够获得自我意识方面的成长，能够接纳或至少与更多的想法、可能性以及人们合作，那么企业本身将变得更加健康，并对可能性和潜力更加敏感。

在另一本具有里程碑意义的著作《爱的艺术》（*The Art of Loving*）里，作者埃里希·弗罗姆（Erich Fromm）指出，当我们思考爱时，大多数人想到的都是如何找到一个人来爱自己，而很少会有人去想如何成为"惹人爱的人"，或当爱出现的时候应如何接受。

要不然我们就认为，如何去找一个正确的"目标"来爱是个难题。但几乎没有人想到自己在给予爱的能力上存在缺陷。

因此，大多数人可能会承认自己的人际关系不良。但很少会有人将此归咎于自己狭窄的自我界定、偏见、情感上的不成熟，以及自私自利——从本质上讲，就是对于改变的恐惧。更少有人会指责自己缺少在专注力、聆听能力或积极勇敢地进行根本性对话方面的意愿。

但事实告诉我们，所有的激情释放因子都与通过真实性、有远见的目标、根本性对话、激发未来、指导以及更多方法来扩展自我界定相关。同样，它们也与改善与他人进行合作的质量、提高相互沟通的能力有关，因为这能够激发我们共同的潜能。

对于商业经营的成功来说，这些内容都非常关键。我们应该如何去做？首先，就像之前说过的，商业经营的过程就是要找到最好的产品、点燃激情以及获得较多利润三者的交汇点。企业要为这个“最佳交汇点”构想出一个能够区别于所有其他竞争者的愿景（请记住，这是战略的精华），并致力于实现它。

之后，企业需要吸引、招聘、任用、指导、激励、重视并保留最好的人才。最后，企业必须确保这些人才之间能够相互合作，发挥乘数效应，从而使集体潜能在愿景目标的实现过程中得到充分的发挥和利用。

现在，我们承认这确实值得去做。但是作为领导者，要号召他人重新建立良好关系并释放潜在激情，第一个响应号召和要求的人就应该是号召者自己。**向他人提出什么样的要求，必须首先同样要求自己，否则将无法获得他人的信任。**

因此领导者必须自己首先开始使用这些激情释放因子。不必表现完美，只需要具有真诚的态度，并对在个人成长方面取得进展作出承诺。在付出这样的努力时，他们将会从“做—是—做”中得到智慧。

虽然我们会付出努力，但是怎样才能知道我们已经成功建立了自己所期盼的关系，能够帮助我们脱离懒散、党派之争和推诿习惯的良好关系呢?

成功是什么样的

可以说，我们的整本书都是在寻求这个问题的答案。将我们之前所讨论的内容进行总结与提炼，得到的是三个无可争议、具有潜能培养和成果交付作用的关系示范：

1. 人们是可信任的，并乐于被了解和与他人相互了解。他们因此能够真实地面对自己的感觉、希望、恐惧、思想和焦虑。

2. 对话是勇敢的。对话的内容是重要的。人们在对话中探索真正的分歧所在，然后对分歧做深入的讨论，以寻求深刻的见解，人们总是能够试图理解各种态度和立场后面所包含的积极意图。人们通过对话寻求通向更为广阔的共同前景的途径，并使各方都能接受责任和致力于实现目标。

3. 赞赏与质疑是奇妙的混合体。正如我们之前说过的，缺乏其中的任何一个，都会破坏我们与他人之间可持续关系的完整性。并且只有当我们懂得赞赏他人时，作为一个领导者，我们才能够对他们所取得的进展给予最中肯、恰当和可信任的“叫好”或“前瞻”。

如果我们思考一下政客和政治运动为何总是激怒人们，就能够看到这三种关系所具有的力量。因为政客在试图与我们建立某种“关系”时，没有通过以上三种关系中任何一个的考验。

我们几乎从未真正了解过政客。在我们面前展现的，通常是一些经过谨慎修饰的公众人物。他们的管理者和顾问会告诉他们如何使自己表现得“和蔼可亲”，以及如何努力制造主流思想和非争论性的陈述。但那些令人棘手的问题不通过公开论战是不可能得到解决的。如果它们能够被解决，早就被解决了，因为这些问题所引发的痛苦是深刻的。

我们几乎从来不会被政客邀请，参与大胆、具有转变作用的对话——那些同时能够面对现实，保卫可能性，激发未来，令我们能够为之作出奉献和承诺，并通过日常选择和行动来真正实现这个目标的对话。我们只是被告知可以得到什么（虽然当他们真正能够掌权时，往往不会兑现自己的承诺），只有极少数政客能够实现转变，成为真正的政治家，并因而邀请我们作为公民真正参与到对话与行动中。

我们希望政治领导者们能够从同事、顾问、竞争对手、记者以及进行公开讨论的公民那里同时得到适当的赞赏与质疑。但现实只会让人感到情绪低落。因为他们只会依据权势和亲疏关系选择盟友，而记者们则往往被限定只能提一些“可以接受的”问题，他们在公共场合出现的背景声音常常是一些经过预先挑选的支持者的盲目喝彩。

我们会提到这些有关政客和政治活动的内容，是因为读者对这样的讽刺最容易识别和认可。由此我们能够证明，出现这样的情况，在很大程度上由于他们违背了建立强有力关系的几个必备条件。让我们在企业经营和个人生活中作出更好的选择吧！

因此我们才会说，首先对自己提出要求。大多数人很可能会将之奉为一个准则。毕竟，如果不能首先要求自己为更好的沟通作出改变和实现成长，怎么能去要求别人呢？

但我们究竟应该明确地要求什么？首先，看看你所收集的那些具有代表性的反馈信息——尤其是我们在第 9 章推荐给你，希望你能够建立的利益相关者指导团体的反馈信息——并就你的企业、部门或职能所面临的最大挑战，询问自己：“我能够为之作出承诺的，能够因取得进展而感受到激情的，能够具有最大影响力的个人最大突破是什么？”

组建一个内部成功指导团队。以成员的身份加入这个团队，为每个人能够迈出“勇敢大胆的下一步”的目标而努力，可以帮助我们摆脱以往的惰性，并获得成长过程中第一个阶段性成果。一旦拥有了共同前进的动力，继续坚持就简单多了。

其次，在企业中，你最希望人们做的是什么？更多的倾听？与客户建立更多的联系？畅所欲言？认可自己的团队成员？提出真正的问题？质疑现状和最尖端的创新？无论是什么，你都要与别人进行讨论，当你确定那就是需要做的“第一件事”时，首先对自己提出要求。

询问你的利益相关者：“如果我真正想要在这个领域创造一些差异化，你认为什么样的行动才是真正具有冲击力的？”一旦你的老板、同事和团队成员看到你正在付出的努力，如果这确实是需要做的“第一件事”，你的努力将能使他们参与到你的行动中来。你至少是取得了一些“进展”，而不是遭到“抵抗”。

在实施这些初步行动的同时，我们要寻找并建立一个由志趣相投的建设性“背叛者”组成的团体。吸引他们加入并给予支持和鼓励，最好是挑选那些在企业不同部门有影响的人。请记住，你追求的并不是一个短暂的变革，而是一种持续的变化和进展。

最后，将你渴望整个部门和企业能够传播、展示和表达的内容，通过自己的团队展现出来。我们曾经提到过盖洛普公司有关高度激情 / 高业绩表现的工作场所调查。不过他们的调查结果是以管理者比机构本身起到更重要的作用为基础观点，并且在那些规模最大的企业中，糟糕的领导者往往会压制士气、激怒人才，并因而在杰出表现方面制造一个无底洞。但在这些最暗淡的、处于困境的工作场所，却仍然存在很多创新、承诺、卓越表现与激情。

奥马尔曾在纽约肯尼迪机场海关与边防机构发现过这样的例子。我们提到这个例子，是因为那些专业人士总是被人们想象成严厉、固执、感情迟钝的人。也许他们常常看起来就是那个样子。但在这个地方，他们在那些具有高度警惕性特质的专业人员中，堪称服务与幽默感的典范。其实这样的选择一直都是存在的。

如果你的团队能够高度重视可能性，并取得与你所建立的文化环境相协调的令人印象深刻的成果，那么你的初步试验就已经取得了令人信服的成功。你已经拥有了充分的理由。

但是，如果整个部门、企业或高层领导者对引导变革毫无兴趣，你将如何维持自己的动力，并且为自己在如此困难的情况下引领变革给出一个理由呢？

无论我们何时去询问那些非凡的领导者，或者在书本上读到他们的经历——这些通过付出努力开创了自己的事业，并在寻求有意义的变革的漫漫长路上坚持不懈的人们——他们给出的答案都惊人地相似。

一位后来成为企业重要领导者的低层管理者曾经被问到，为何在只能得到极少反馈的情况下，仍然能够坚持向公司不断地提供他自己的想法和建议……直到有一天，他的某个想法为公司创造了可观的价值。

他的回答是："当然，在这个过程中我也希望能够得到更多的反馈。但是我的父亲曾告诉我一句话，我想我一生也不会忘记。他说，'不要让任何人把你变得迟钝和麻木。'我不断地提出新的想法，因为思考让我变得更加聪明，生活也因我自己所作出的承诺和给予的关注而变得更加吸引人。"

总之，不要因为别人而放弃自己的生活质量、职业生涯或精神上的追求。

为何要这样做？因为生活会因此变得更加有趣。

为什么我们要尝试做得更好？因为你将因此而成长，会找到实现目标的方法，你的技能将得到磨炼和提高！这些都是你自身的一部分，并将打造出你的个人品牌。

很多人说："如果我的老板能够正确对待我的话，我就有前进的动力了。"请忘掉这种想法！不要赋予老板这样的权力！为什么要让你的老板来掌控你的动力、精神和能量呢？为什么让他来决定你成为什么样的人？

如果你允许某个老板或某种环境削弱自己的能量，降低自己的才能，你将会养成一些不良习惯。但成功与失败恰恰都与一个共同点相关——那就是习惯！

我们总是说我正在等待一个能够让自己有所表现的"合适的环境"。在上述这种自暴自弃、刺激—反应哲学的引导下，你所面对的危险在于，当你拥有了田园诗般的合适环境，却发现自己已经成为一个"在合适环境里的不合适的人"。

汤姆·沃森的秘密

奥马尔不久之后就看到了类似的例子。一家与 Sensei 合作的世界顶级企业选出了一位女董事长。她是从众多高层领导中挑选出来的。很多人询问奥马尔，他认为是什么使这位女董事长能够当选。奥马尔告诉他们，他可能不知道原因，但有一个前提是可以确定的。

他指出，汤姆·沃森（Tom Watson）曾解释他如何帮助 IBM 从一家小企业转变为如今的标志性顶级企业。他和他的团队首先描绘出 IBM 将会成为什么样的顶级企业。下一步，他们询问自己："如果我们已经成为了那样一家顶级企业，我们会如何行动与表现呢？"然后他们就一直像那样做，直到今天。

奥马尔提出这位女性领导者将上述做法个性化了。她想象出了自己所希望成为的理想角色。然后问自己，如果已经得到了那个职位，我的表现将与现在有何不同？之后她就挑战自己，让自己现在就像想象的那样去做。

因此她在董事会上出席，不仅仅是作为市场总监，而是带着作为董事长的构想和准备，积极主动地与跨部门的同事进行合作，并提出如何使整个价值链增值的想法。她以自己"拥有"整个企业的角度来思考、感觉和行动。毫不奇怪，现任董事长看到了这些，并认为："我们真的有些浪费她的才能了，她可以发挥比现在的角色更大的作用！"

在任何较为明智的企业里，当你作出如此表达时，人们便会清晰了解现有职位与潜能之间存在的差异。大多数企业都会采取行动，充分利用这些表现得越来越明显的激情和不断被发现的潜能。

但是如果他们没有这样做，你该怎么办呢？你不能认输！你能够尽可能做的，就是从中获得一些见解、观点和技能，这些都将使你的简历变得更加吸引人。并且你将有机会证明自己在这种强制性、毫无生气的工作环境中，仍然可以取得相当大的成就。因而你将会成为一个公认的激励者，而非永远等待别人来推动的人。

我们总是倾向于说："给我一份工作，我会向你证明我能做些什么。"这简直是疯了，每一个有志向的人都这样表达！你应该说的是："让我向你证明我能做些什么，如果你对此感觉不错的话，可以给我一份工作。"如果你不能得到这份工作，那么可以和对方谈谈有什么别的选择。如果对方不愿意和你谈，你也将因此而获得成长，你可以把对方表现出的糟糕的领导能力作为一种“阻力训练”，并由此得到执行力和实现力方面的锻炼，这些都将对你在其他团队或企业中的表现有益。所有的经历都能够成为帮助你前进的具有价值的资产。在这个全民参与的现实游戏——一个有关成长和提高能力的游戏中，它们会令你的激情不断得到激发和释放。

而当我们真正得到认可与重视，被提升到具有更大影响力和需要承担更多责任的职位时，就拥有了一个在企业内创造相互信任的机会，这将帮助企业实现转变。

我们必须学会**用自己的方式实现梦想**，这其中包括我们个人的梦想，团队的梦想，以及那些确实能够存在并得以实现、令企业繁荣的梦想。

同时，我们必须在自己获得成长的同时，适当地帮助那些迫切等待领导者的出现，以彻底改造他们自身的员工，“引爆”他们所处的毫无激情的工作环境。

没有什么比将激情呈现出来更富有释放激情的作用了。但是请记住，这不是一个“独行侠”可以完成的任务。它需要的是一个具有才能的团队中的一员，一个能够创造、培养并促使人际关系发生巨大变化的人。就如同在比赛中必须有人去踢那个球一样。

因此，就像那句老话所说，种瓜得瓜，种豆得豆，我们所处的文化环境是我们自己创造的——如果确实需要有人开始行动，首先要求你自己采取行动。

第14章 实现目标

就像我们所说的，实现任何改变的基本方法，就是要求自己首先作出改变。你需要为其他人作出示范。

假设你这样去做了，并且你的团队也能够随之跟进，那么问题在于，你如何能够在整个企业内拯救、点燃或者释放激情？

这里我们提供给你一些可以采取的步骤。（这些步骤能够为任何变革的成功提供很好的指导，因为它们是与相互信任的关系紧密相联的。）

最近由马修•凯利（Matthew Kelly）撰写的《梦想经理人》（*The Dream Manager*）一书提出了一个重要的看法：人们十分闲散，并且与企业关系疏离，因为他们无法看到工作与自己的梦想和抱负究竟有何关联。

凯利为这些员工提出了一个被称为“梦想经理人”的解决方案。这个经理人可以称得上是一位“梦想指导者”，他能够帮助这些员工制定并实施计划，以实现他们的梦想。这些梦想包括在当前的企业中得到一些发展，或者实现工作之外的某个愿望，甚至帮助他们及时、勇敢地向前迈进。

这种如同心灵神话般的观点，从本质上说，是一个积极而富有洞察力的想法。而我们所说的，虽然与之大致相符，但仍然略有不同。我们认为，拥有一个独立的梦想经理人的风险在于，会让我们觉得激励和培养团队的任务是可以外包的。是的，我们通过为员工提供有价值的资源和支持获得了他们的部分信任，但是我们仍然在逃避融洽默契的个人关系的建立，而拥有这样的关系，正是我们已建立起可发展、持久、能够带来良好业绩表现的稳固文化环境的标志。

无论你愿不愿意指定一个内部或外部的指导者来帮助员工实现他们的梦想，或是打算尝试其他的方法，所有的领导者至少在两件事上，对自己的团队成员了解得越清楚越好。

第一件，现在——而不仅仅是未来——对他们来说最重要的是什么？他们当前需要优先考虑的是什么？是什么让他们现在感到快乐和满足？

了解这一点是必需的，就像我们曾经建议过，你所给出的感谢、承认和激励（超越金钱之上的）都必须建立在了解什么对他人来说是真正重要的基础之上。

当激励的类型最合乎他人的需求时，无论是公开的赞誉、额外的休息时间、喜爱的体育赛事季票，还是在某些公司庆典时邀请他们全家参与，或帮助他们获得贷款，对方都会最大程度地表现出自己的激情来回报你：自愿的额外努力，以及超出需求的承诺和贡献。但这不能是被命令的，因为它超越了固定的契约式的期望本身，只有内心存在渴望时才会被延伸出来。

但是如果我们不去相互了解，就无法更好地理解相互的语言和表达方式，也就不能对我们想要鼓励和推动的员工给予适当的和最符合其需求的激励。

领导者必须了解的第二件事，就是他们的员工对自己的未来构想是什么；准确地说，也就是他们希望将自己的生活引向何方。如果不了解团队成员最大的愿望和志向，我们怎么能够成为他们的成功指导者？我们如何引领他们去面对那些可能为他们提供自己所渴望的职业生涯道路或机遇的项目、挑战或机会呢？我们又怎么知道什么时候应该努力推动他们前进，或在我们确实无法为他们提供生命中某一阶段最需要的东西时为他们让路呢？

但是，对于建立这种默契与和谐、相互理解的关系和培养洞察力的需求是更深层次的。如我们之前向你证明的，建立健康、开放、重视成果与未来发展的关系，同样能够确保人们**一旦发现激情杀手，更乐于与他人分享这一信息**。他们不会谨慎地兜圈子，不会回避直接提出关键问题，也不会像巴比伦信使一样隐藏坏消息。

因此，如果你决定开始积极主动地采取行动以释放激情，请从高层团队的关系建设开始，并使和谐与融洽逐步延伸到整个企业。

但是，如果除了持续地在整个企业创造、巩固良好的人际关系并使其增值外，你还希望能够在激情得到释放和产生巅峰业绩的同时，令企业具有更多的自主创新精神。这是否可以实现？

我们不断听到有人抱怨“创新精神疲劳”。这完全是无稽之谈。没有人会跟新事物过不去。他们抱怨的是由于“创新无法得以实现”而产生的疲劳。他们反感的是在这一过程中可能出现的泛滥的官僚作风，但却很少真正体验过与此相关的大胆决定、创造未来的行动以及承诺得到的结果。

通常在抱怨声逐渐退去之后，剩下的只有令人苦恼和毫无意义的会议、规劝以及由此带来的忙碌的工作。没有任何新事物产生出来。

另一方面，如果我们真正显著而努力地投入自我的改变之中，他人也会对这种自主创新精神给予适当的激励和回应。一切新事物，只要它是真实、恰当、富有创造性的，都会自然而然地产生富有成效的激情。

创造真正的改变

为改变而付出的努力，包括五种具有误导性的最主要的错误。

1. 过多地宣传，却没有采取足够的行动。许多致力于改变的努力是从大型内部公关宣传活动开始的，并且往往极其类似于国家政治盛会，在典礼和动员会上充斥着激情澎湃的演讲、图片展示，以及有煽动性的音乐。所有这些附属物都可以起到强大的辅助作用，但前提是它们只是为主菜提供的装饰，而不能喧宾夺主。曾经有一个客户到 Sensei 公司寻求帮助，他所在的企业举行了一场类似“摇滚音乐会”的改革动员大会，但是结果除了得到员工们的冷嘲热讽和数百万美元的账单之外，没有起到任何作用。我们要对实际采取的行动进行宣传，而非仅仅宣传我们的意图和计划。

2. 过度宣传变化的规模，但实际上只提供一些重复性的调整措施。我们曾经合作过的一家企业，由于告知全体员工即将到来的变革将使现有的一切工作方式发生彻底改变，而引发了恐慌。企业宣布组织结构和相关政策将发生改变，并准备开始使用全面的以价值为依据的评估体系。但是在一番大肆鼓吹之后，员工们随后发现这个以提高活力和信任度为目标的计划似乎失败了。他们看到一切仍然像以前一样，除了些微的调整和变化之外，并未发生什么“巨大的改变”。这使得员工们在精神上完全松懈，有过之而无不及地退回了原有状态。所以，这家知名企业最终被另一家企业合并也就一点不令人吃惊了。

3. 制造狂热的情绪，然后将时间浪费在审议过程和其他相关会议上。在企业大肆宣传变革的需求及重要性之后，员工们带着极大的热情期盼着后续的行动、果断性、速度以及紧迫性。但他们面对的却是无休止的会议、幻灯片演示以及与会者们有着各种措辞的讨论。困惑与沮丧的情绪开始蔓延，因为这些会议永远只是在制造一些看似与行动有关的培训班和忙碌的工作，却从未真正涉及富有挑战性、需要充分发挥能力的内容。令人遗憾的是，出现这种情况的部分原因，通常是这些与会者们既没有被授予相关的权利，也不对此承担责任。相反，我们应该做的，是建立一个跨部门的快速行动团队，使他们承担起相应的责任，并要求他们兑现承诺。让他们来证明，对于我们为之做了大量宣传并极力称赞的变革来说，我们的每一个建议、流程和对策都是有价值和相关性的。

4. 高层领导者不作出任何改变。现阶段遭遇冷嘲热讽的陈旧的工作方式，是由当前的领导者们创造出来的。因此，他们或者必须证明自己将作出一些改变，或者被其他在新工作方式和互动方式上有明确突出表现的人们代替。我们上面曾提到的那家没有来得及向 Sensei 寻求补救方案的企业，就拥有一位具有高度控制欲和僵化管理方式的行政长官，他始终在强调并预示着变革与权力下放的需求。但我们收集到的大多数有关他的信息反馈却是这样的：“这就好像伍迪·艾伦告诉你要克服你的神经官能症，或者温斯顿·丘吉尔提醒你雪茄烟对身体有害一样。”（当年轻的领导者们接受他口头提出的挑战，并相应地承担起他所要求的责任时，他却在他们敢于迈出大胆的一步时阻止他们。这种做法使得一些项目就此搁置，员工们则无法畅所欲言。）**让我们承认过去失败的领导造成了今天的某些困境，然后确保不会让同样的状况延续下去。**

5. 在变革中忽略客户与市场。我们所引发的变革成功与否，与创造市场价值密切相关。因此，客户成为最合适的成果检验者。如果能够让他们参与到我们的设计过程和领导者评估过程中来，集思广益，将会收到显著的成效。Sensei 曾经就强生公司的愿景挑战与之进行合作。在描述了十分令人赞赏的愿景之后，在 Sensei 的帮助下，他们邀请了自己的供应商、商业合作伙伴、一些分销商以及主要的大客户参与进来。这些外部人员与强生团队的成员一起讨论了他们的现状以及与愿景之间存在的差距。“我们现在的经营方式与愿景在多大程度上是相符的”是他们现在面对的问题。无一例外，客户与供应商看待愿景成功实现的角度与企业内部的支持者们是完全不同的。当讨论结束时，他们既得到了对已有成就的精彩肯定（那些他们已经做得很好的方面），也得到了令人鼓舞的改进宣言。由于已经对外部利益相关者公开了以上信息，开始采取行动并推动重点问题的解决就变得相对容易一些。**来自外部的信息交换和承诺使我们的想法保持新鲜，具有紧迫感，并令人振奋。这将激发并长期维持有意义的行动**。如果关系的建立是激情和业绩表现的关键，那么与客户和供应商建立更加丰富、相互合作的伙伴关系，将在物质及其他方面产生效益，并且为变革走向成功起到强有力的推动作用，也就不令人惊讶了。

因此，变革所面临的最主要的挑战，同领导力一样，由促进或阻碍它的激情、关系和沟通决定。无论你是否打算尝试经营上的突破或对企业的彻底改造，请记住，是你所培养的关系的深度和广度以及沟通的质量，最终决定着我们的成败。

有人指出："没有什么比建立良好的关系更重要了，因为它是一切的基础。"如果关系本身没有参与到变化与发展中来，那么这一过程中的其余部分也一定不会产生任何变化。如果你发现倾听和互动的质量，与你所表述的变革的广度与重要性并不一致，那么这就是你首先必须解决的问题。

怎样去做

为了使企业范围内任何类型的变革都能取得成功，所有的领导者必须：

- 分享作为领导者的远见和整体的共同价值观。我们在沟通中往往能够跨越其他差距，但却常常忽略这一点。
- 相信自己能够引领并帮助他人达到自己对他们所提出的要求。
- 认识到自己的日常工作重点和行为方式，必须为变革承担相应的责任，并确保将其实现。
- 对信息反馈保持虚心和开放的态度，并以此作为示范对他人提出要求。
- 通过与同事和团队共同实现目标来获得个人满足感。

因此，不要再同假想的敌人作战。我们需要挑选出那些对释放激情和建造良好关系必要的变革和对成长的自我挑战，并确保我们能够共同面对。让我们把那些类似巴纳姆马戏团（P. T. Barnum）* 表演的古怪滑稽的举动留给那些善于吹嘘的小人物吧。一位真正能够帮助具有潜在杰出才能的团队创造价值的领导者，

* P. T. Barnum（1810-1891）是美国巴纳姆马戏团的创始人，是美国历史上经历最多姿多彩的著名人物之一。作为一名完美的展览演出主持人和企业家，巴纳姆由于给全美国人同时带来高雅和低俗的文化而闻名。——译者注

必须争取有选择性、有建设性地亲自特别是让人可以信赖地尝试变革。**他们所表现出的激情和行动力**才是变革最好的广告宣传。

让我们行动起来

总的来说，我们需要的是共同创造成果。如果我们不去对抗那些走出舒适地带实现成长与沟通的需求，并且能够与这些需求融洽相处，甚至乐于接受它们，事实上，几乎任何事情都是有可能的。激情将会持续地释放光芒。

纳撒尼尔·布兰登（Nathaniel Branden）曾说过这样一句耐人寻味的话："地球是一个遥远的星球，我们必须找到某种方法，才能与它取得联络。"我们必须相互建立关系；换句话说，这是前进的唯一出路。

作为领导者，我们必须了解，当满足以下四个条件的时候，人们会愿意付出卓有成效的努力，并且能够充满热情与活力地跟随我们的领导。

第一，他们至少为了共同的目标，在理想的情况下，因为我们具有远见，而受到鼓舞并为之激动。

第二，他们相信我们有关实现共同目标的个人承诺是真诚的，并且相信我们将以此为基础提出值得信赖的策略和方案。

第三，他们关心并在乎将与自己共同实现目标的人。

第四，他们确信自己也将因此获益。

对我们所有人来说，无论你扮演什么角色，当你乐意接受一个事实时——我们所有人都能够在相互关系中得到成长、发展和释放——激情就会开始发挥它的重要作用。而最终，我们的未来目标将随着激情的流动得以实现。

因此，我们将不会惧怕将完整的自我带入工作。只要我们能够完全接受自己的同事，只要这种相互的接受能够为建设性和有价值的挑战留出空间，只要我们致力于合作并共同创造我们承诺的未来，所有人都将是受欢迎的。

因此，让我们创造自己渴望拥有的关系，并因此创造自己渴望拥有的未来。让我们采取行动，令充满激情的目标和承诺的最佳部分得以实现。**让我们以自己的方式去实现梦想**。

为此我们不会停止努力。

编后记

激情，一个多么令人兴奋的词！

可惜的是，很多时候，我们忘记了激情的存在。换句话说，我们忘记了自己是可以激情四射的。

你是否有过这种情况：早上起床，不停地打着哈欠；上班的时候，没精打采地度过一天；回到家后，懒散地吃过晚饭，再无聊地打开电视机。毫无激情的一天就这样过去了。

你肯定还有这种时候：要见心爱的人，突然就来了精神，或者去和朋友聚会、做喜欢的运动、打电子游戏，此时的你魅力四射，激情洋溢。

你不是没有激情，而是你的激情没有得到释放。这在工作中表现得尤为突出。

我们在工作中，会遇到很多激情杀手，扼杀了我们的激情。比如没完没了的会议，啰里啰唆的电子邮件，很少得到鼓励，出现人事矛盾等。这些激情杀手，使我们对周遭反应迟钝，对工作没有热情，也就失去了创造力和进取心。

可是这样一个对工作缺乏激情的人，是我们想要成为的人吗？我们经过多年的学校或社会教育，曾是怀有远大理想的有志青年，怎么到了现实工作中，却往往让激情得不到有效的释放呢？

我们甚至于意识不到自己的激情正日趋消磨殆尽。无论原因如何，谁都不想当个没有激情的人。在工作中带入更多的激情，我们才可能更有干劲、更有创意。《释放激情》一书，就是在讲述如何将激情释放出来。作者介绍了 9 个激情释放因子，从建立成员之间的亲密关系开始，通过许多或微小或明显的改变与努力，逐渐将我们的激情释放出来。

有的人今天什么样子，20 年后，他还是什么样子；有的人不用 20 年，可能 10 年、5 年甚至更短，就让自己的事业取得重大突破，自己也能够承担更大的责任。没有哪一次成功是偶然的，所有的进步都需要作出坚实的努力。激情无疑是每一个人前进路上最有效的加速器，是每一个创意形成的催化剂。它与年龄无关，与性别无关，与职业无关，只与我们当下的状态有关。在看到干劲十足的新进员工时，总有人会感慨“我老了！”，但其实，除了激情，他可能什么地方都不如你。

在关于激情的论述上，本书更多的是围绕领导者如何让自己团队的成员把激情释放出来。比如，设立具有远见的团队目标、为团队成员提供进行根本性对话的机会。在团队激情的激发上，领导者有更大的责任与影响力。领导者一个细节上的改变，或者一个观念上的转变，就能让团队的激情发生明显的改善，让员工觉得自己受到了肯定，或者自己的想法得到了尊重。逐渐地，团队的激情就可能得到极大的释放，而这正是取得突破和获得商业成功的原初动力所在。

当你决心让自己在工作中更富有激情时，参考书中提供的具体方法和步骤，它们可能为你提供最便捷有效的路径。比如在谈到如何使自己激情焕发、目标明确时，作者给出了 20 条保持活力的习惯或称规则，这些规则不但有益于我们在工作中保持活力，而且对我们营造一个健康、积极的生活态度，使自己拥有一个更加满意的人生，都十分有帮助。

很多时候，下定决心作出改变，比作出切实的改变还要难。希望本书不仅能够帮助你激发自己和他人的激情，更能激励你作出决定，改变自己，给自己一个激情释放的机会。

杜俊红

EDP·管理者终身学习项目

《管理的十二个问题》

作者：焦叔斌　出版时间：2009 年 1 月　定价：36 元

谁在裸泳？

管理者必须回答的 12 个基本问题：

(1) 我是谁？(2) 我要到哪里去？(3) 我的处事原则是什么？(4) 我如何到那里去？(5)"我"当如何工作？(6)"我们"当如何工作？(7) 我要把人们带到哪里去？(8) 我如何让人们都知道要到那里去？(9) 我如何能够让人们全力以赴？(10) 我们应当测量什么？(11) 如何测量？(12) 造成偏差的原因是什么？

管理只有永远的问题而没有永远的答案，而只有提出正确的问题才谈得上解决问题。本书所提出的 12 个基本问题既是思考管理问题的逻辑框架，又是帮助管理者诊断问题和解决问题的核对表（checklist）。回答了这 12 个问题未必一定能够保证组织或管理者的成功。但几乎可以肯定的是，不能够明确回答这 12 个问题的组织或管理者，其管理必然存在着缺失，也许就是那个无知无畏的裸泳者。

在寒潮吹袭世界经济之际，正是我们狠抓管理、苦练内功的最佳时机。

《战略公司财务》

Strategic Corporate Finance
by Justin Pettit　宋小明 译
出版时间：2009年8月　定价：38元

公司理财的战略意义，对于 CFO、财务经理、并购业务人员以及商务开发主管来说，远比具体的技战术方法重要。但是，很多公司在战略性理财实践中都发现，财务理论与实际操作之间有着巨大的鸿沟。本书作为一本极具价值的美国公司战略性财务管理应用指南，将理论问题与应用实践紧密结合起来，为我国公司提供了一个可资参考的框架，既是一本公司理解和解决财务问题的应用指南，又可作为投行人士以及管理顾问的培训用书和一般参考书。

本书以真实世界的财务问题为基础，从资产负债表出发，分报表的"左侧"和"右侧"展开论述。左侧以"整固、出售、成长"等观念为引导，主要涉及业绩计量和估值方面的议题。右侧涉及资本结构及其优化问题，为信用评级提供行动指南以及具体的资本结构优化框架，并针对比较突出的现金过剩问题，给出了一份股利和股票回购政策实用手册。最后，作者在企业的层面上论述了资本管理问题，通过实例说明了战略风险管理以及金融风险规避实务。

《读懂华尔街：一堂妙趣横生的财务速成课》

The Wall Street MBA: Your Personal Crash Course in Corporate Finance

by Reuben Advani 张宏亮 译

出版时间：2009年5月 定价：29元

《读懂华尔街》一书是提升我们成功路上生存能力的指引。为了在职场上获得竞争优势，我们需要理解如何进行财务估值、财务分析和会计处理。作者凭借多年的华尔街工作经历和丰富的公司财务顾问经验，写成此简洁明了、通俗易懂的会计与财务读本。

这是一本谁都能看懂的财务与会计书。作者将宽泛的公司财务与会计概念，浓缩为简洁、实用、好学的形式。当世界开始走上经济复苏之路时，我们都会学到一个教训：在为自己作财务决策时，不要再依赖什么财务金融专家了。只有自己掌握了这些知识，才可能在经济繁荣时财源广进，而在经济衰退时独善其身。

本书分会计与财务两个部分，解释了标准的MBA财务与会计课程中所讲授的基本概念，使我们能够剖析蕴藏在每一份财务报告背后的故事。读完本书，你能掌握以下技能：

- 读懂复杂的财务报表，并作出评价
- 进行盈余分析，洞察公司的盈利能力
- 进行股票定价和公司估值
- 透过数字识别舞弊行为

《经济指标解读》（第2版）

The Secrets of Economic Indicators, 2nd Edition

by Bernard Baumohl 吴汉洪 译校

出版时间：2009年8月 定价：46元（估）

这不是一本教科书，也不是关于经济方面的学术论著。这本书旨在帮助人们更好地理解：如何看待经济指标，经济指标为什么会有重要影响，它们能告诉我们多少关于未来的事情，以及人们如何最充分地利用这些信息。

在本书第1版出版后，已经出现了许多新的经济指标，有的是很好的预测工具。为了更准确地预测经济走势，原来的一些经济指标也得到了修改完善。因此作者推出了新版，在新版中将"最有影响的经济指标"的排列顺序做了更新。新的排序对于介绍预测经济活动的新方法和说明现有指标的计算路径非常有必要。同时新版列出了哪些经济指标最能预测经济走势，增加了排名前十的"领先经济指标"的介绍。

无论你是投资者、投资中介员工、研究人员、新闻工作者还是学生，本书都能帮助你认识经济指标，并独立地对经济走势做出更加客观的分析和判断。本书还将帮助有经济学背景的人士提升洞穿经济指标、预测经济走势的能力。

Liberating Passion: How the World's Best Global Leaders Produce Winning Results
by Omar Khan and Paul B. Brown

Authorized Translation from English language edition published by John Wiley & Sons (Asia) Pte Ltd.

图书在版编目（CIP）数据

释放激情：世界级领导者的制胜之道/奥马尔·汗等著；耿晓丹译
北京：中国人民大学出版社，2009
ISBN 978-7-300-10741-7

Ⅰ.释…
Ⅱ.①奥…②耿…
Ⅲ.企业管理：人事管理
Ⅳ.F272.92

中国版本图书馆 CIP 数据核字（2009）第 083942 号

释放激情：世界级领导者的制胜之道

奥马尔·汗
保罗·B·布朗　著
耿晓丹　译

出版发行	中国人民大学出版社		
社　址	北京中关村大街 31 号	**邮政编码**	100080
电　话	010－62511242（总编室）		010－62511398（质管部）
	010－82501766（邮购部）		010－62514148（门市部）
	010－62515195（发行公司）		010－62515275（盗版举报）
网　址	http://www.crup.com.cn		
	http://www.ttrnet.com(人大教研网)		
经　销	新华书店		
印　刷	北京山润国际印务有限公司		
规　格	160mm×235mm　16 开本	**版　次**	2009 年 8 月第 1 版
印　张	14.75 插页 1	**印　次**	2009 年 8 月第 1 次印刷
字　数	174 000	**定　价**	32.00 元